Salir de las sombras

Confrontar la codependencia de frente

Por
Well-Being Publishing

Copyright 2023 Well-Being Publishing. Todos los derechos reservados. (audiolibro)

Ninguna parte de este libro puede ser reproducida en forma alguna ni por ningún medio electrónico o mecánico, incluidos los sistemas de almacenamiento y recuperación de información, sin permiso escrito del autor. La única excepción es que un crítico pueda citar breves extractos en una reseña.

Aunque el autor y el editor han hecho todo lo posible para garantizar que la información de este libro era correcta en el momento de su publicación, el autor y el editor no asumen y por la presente declinan toda responsabilidad ante cualquier parte por cualquier pérdida, daño o trastorno causado por errores u omisiones, tanto si dichos errores u omisiones se deben a negligencia, accidente o cualquier otra causa.

Esta publicación está diseñada para proporcionar información precisa y autorizada con respecto al tema tratado. Se vende con el entendimiento de que el editor no se dedica a la prestación de servicios profesionales. En caso de necesitar asesoramiento jurídico u otro tipo de asistencia especializada, deberá recurrirse a los servicios de un profesional competente.

El hecho de que en esta obra se haga referencia a una organización o a un sitio web como cita y/o fuente potencial de información adicional no significa que el autor o el editor aprueben la información que la organización o el sitio web puedan proporcionar o las recomendaciones que puedan hacer.

Recuerde que los sitios web de Internet que aparecen en esta obra pueden haber cambiado o desaparecido entre el momento en que se escribió esta obra y el momento en que se lea.

A ti,

¡Gracias!

Table of Contents

Introducción 1

Capítulo 1: Definiendo la Codependencia 2

Capítulo 2: La codependencia a través de los tiempos 10

Capítulo 3: La psicología de la codependencia 19

Capítulo 4: Patrones y características de las
relaciones codependientes 27

Capítulo 5: El yo codependiente 35

Capítulo 6: Adicción y Codependencia 43

Capítulo 7: Mecanismos de afrontamiento y estrategias de
supervivencia 51

Capítulo 8: El impacto de la tecnología en la codependencia 59

Capítulo 9: Romper el ciclo 66

Capítulo 10: Sanar desde dentro 74

Capítulo 11: Herramientas para la transformación 82

Capítulo 12: Construir relaciones sanas 90

Capítulo 13: La codependencia en el lugar de trabajo 97

Capítulo 14: El papel de la terapia en la
superación de la codependencia 104

Capítulo 15: Mantener el progreso y prevenir las recaídas 112

Conclusión 119

Apéndice A: Recursos para la codependencia 123
    Grupos de Apoyo y Comunidades 123
    Terapia y asesoramiento 124
    Contenido Educativo y Talleres 124
    Libros y Literatura 124
    Grupos de redes sociales y foros en línea 125

Apéndice B: Afirmaciones diarias e indicaciones para el diario 126
    Afirmaciones diarias 126
    Pistas para el diario 127

Apéndice C: Lecturas Recomendadas y Estudios Adicionales 129
    Libros para entender y tratar la codependencia 129
    Ampliando el conocimiento de uno mismo y
    el crecimiento personal 130
    Curación y recuperación 130
    Desarrollando relaciones sanas 130

Capítulo 16: Agradecimientos 132

Acerca del autor 136

Introducción

Embarcarse en un viaje de autodescubrimiento es valiente, y no es menos trascendental cuando ese viaje implica desenredar los hilos de codependencia que se entretejen en nuestras vidas. En estas páginas encontrarás una guía compasiva diseñada para ayudarte a reconocer y remodelar los patrones de conducta que pueden haberte hecho sentir como un espectador en tu propia vida. No nos limitamos a profundizar en lo que significa ser codependiente; se trata de llegar a la raíz de los "porqués" y los "cómos" de tus interacciones y de la delicada danza entre cuidar y sobrepasar. A través de la comprensión y la aceptación, exploraremos juntos cómo aceptar el cambio con amabilidad y reunir el valor para establecer límites que potencien en lugar de limitar. Respira hondo y tranquilízate; estamos aquí para navegar por los flujos y reflujos del cambio, utilizando la riqueza de la comprensión como nuestra brújula hacia conexiones más sanas y auténticas.

Capítulo 1:
Definiendo la Codependencia

En el cálido abrazo de la comprensión, vamos a pelar suavemente las capas de lo que llamamos "codependencia". Es un término que a menudo viene envuelto en un concepto erróneo, visto a través de una lente que no capta del todo sus matices. La codependencia no es simplemente aferrarse demasiado a alguien o necesitar validación como el aire; es un ballet más complejo de comportamientos, pensamientos y sentimientos que se entrelazan y a menudo conducen a una danza de disfunción. Se trata de las formas en que nuestra preocupación por los demás puede enredarse tanto en sus vidas que perdemos de vista dónde acaban y empezamos nosotros. Piensa en ello como en un espectro, un vibrante abanico de patrones que pueden manifestarse de forma diferente en la vida de cada persona. Algunos siempre dan prioridad a los demás en detrimento de su propio bienestar, mientras que a otros les cuesta expresar sus necesidades en las relaciones, por miedo al rechazo o a sentirse incómodos. Explorar el escarpado terreno de la codependencia es el primer paso en nuestro viaje hacia formas más sanas de amar y vivir. Este capítulo es un mapa en tus manos, listo para guiarte a través de esas definiciones y comprensiones iniciales que sentarán las bases para el camino que tienes por delante.

La codependencia es una forma de vivir y de amar.

Entendiendo Nuestras Enredadas Raíces

Salir de las sombras

A medida que profundizamos en el concepto de codependencia, es como comenzar un viaje para desenterrar las intrincadas raíces de un poderoso árbol. Estas raíces no sólo están plantadas en el suelo de nuestras experiencias actuales, sino que tienen su origen en algo mucho más antiguo, anudado y extendido. Esta sección está dedicada a profundizar en estos amplios comienzos, para ayudarnos a comprender que nuestros comportamientos, sentimientos y relaciones son a menudo el resultado de una compleja herencia que nos da forma de más maneras de las que podríamos percibir inicialmente.

Al enfrentarnos a nuestras tendencias codependientes, es necesario arrojar una luz suave pero inquisitiva sobre las redes que nos unen. Se trata de reconocer patrones que se han entretejido en el tejido mismo de nuestro ser, a menudo desde la infancia o incluso a partir de influencias anteriores a nuestros propios recuerdos. Estos patrones pueden ser el producto de lecciones que aprendimos cuando éramos más vulnerables, observando y absorbiendo de quienes nos rodeaban.

Nuestras conexiones familiares, por ejemplo, son una fuente común de estas profundas raíces. A veces, la dinámica que observamos y experimentamos con nuestros padres o cuidadores principales puede sentar las bases de cómo nos relacionamos con nosotros mismos y con los demás. ¿Hubo sobreprotección? ¿Descuido emocional? ¿Podría habérsenos inculcado el miedo al abandono o la necesidad de agradar? No se trata de culpar a nadie, sino de comprender el contexto.

El entorno en el que crecemos puede influir significativamente en nuestros comportamientos codependientes. La cultura, las expectativas sociales y las comunidades de las que formamos parte pueden desempeñar un papel importante. Forjan una parte de nuestra identidad, a menudo dictando en silencio los "deberías" y los "debes" que influyen en nuestras relaciones personales. Reflexionar sobre estos factores externos es crucial, ya que a menudo están tan arraigados que ni siquiera reconocemos que contribuyen a nuestro yo actual.

Mientras examinamos estas raíces, consideremos también las historias personales que nos hemos contado a lo largo de los años. Estas narrativas se derivan de nuestras creencias fundamentales sobre quiénes somos y lo que merecemos en las relaciones. ¿Están alineadas nuestras historias con la creencia de que debemos ganarnos el amor o de que no merecemos que nos cuiden sin devolverlo por partida doble? Son estas creencias subyacentes las que a menudo estimulan nuestras acciones codependientes sin que nos demos cuenta.

Recuerde, no estamos en una búsqueda para extraer o cortar estas raíces. Por el contrario, nuestro objetivo es comprenderlas, ver cómo han alimentado o ahogado nuestro crecimiento y desenredarnos suavemente cuando sea necesario. Comprender nuestro pasado nos da la claridad y la fuerza necesarias para allanar nuevos caminos que sean más saludables para nosotros y para aquellos con los que interactuamos.

Es importante reconocer que nuestras raíces, por muy enmarañadas que estén, no tienen por qué dictar nuestro futuro. Han influido en lo que somos hoy, pero no definen lo que seremos mañana. Tenemos el poder de elegir qué vides cultivar y cuáles podar. Con este pensamiento fortalecedor, demos un paso adelante, abrazando la complejidad de nuestras raíces con compasión y valentía.

Estas reflexiones sobre nuestros cimientos nos piden que analicemos con detenimiento nuestra relación con la dependencia. ¿Nos apoyamos en cuidadores que a su vez eran codependientes? Al hacerlo, ¿aprendimos a equiparar el amor con la pérdida de uno mismo, perpetuando un ciclo a través de nuestras propias relaciones? Esta autoexploración no siempre es cómoda, pero es una parte necesaria para comprender el enigma de la codependencia.

También es vital abordar esta exploración con paciencia. Desentrañar años, si no generaciones, de raíces enmarañadas no es algo que ocurra de la noche a la mañana. Es un proceso gradual, en el que debemos estar dispuestos a hacer una pausa, reflexionar y, a veces, sentirnos incómodos. Cada hilo del que tiramos puede llevarnos a una mayor comprensión y, en última instancia, a una revelación transformadora.

Otro aspecto a tener en cuenta es el impacto del trauma en estas raíces. Las experiencias traumáticas pueden incrustarse en nuestra psique, influyendo en nuestras relaciones y autopercepciones durante años. Reconocer cómo el trauma puede influir en nuestros comportamientos codependientes es un paso para desenredar esas raíces y curar el daño causado.

Además, no debemos pasar por alto la posibilidad de heredar las tendencias de generaciones pasadas. Los patrones generacionales pueden dejar una profunda huella en el ADN relacional que llevamos adelante. Reconocerlos puede ayudarnos a liberarnos de un ciclo que puede haber comenzado mucho antes que nosotros, dándonos la oportunidad de escribir una nueva herencia para las generaciones venideras.

A medida que avancemos en esta sección, ten en cuenta que desenredarse no significa perder totalmente el contacto con nuestras raíces. Se trata de comprenderlas lo suficiente como para crecer en nuevas direcciones. Se trata de redefinir nuestra relación con la dependencia y alimentar un sentido del yo que esté a la vez conectado a nuestra historia y abierto a forjar su propio camino.

Para ayudar en este viaje, tómate tiempo para la introspección, tal vez a través de un diario o de prácticas meditativas. Arroje luz sobre los matices de su personalidad que, de otro modo, podrían quedar eclipsados por las necesidades de los demás. Es a través de este enfoque interior que podemos localizar el comienzo de varios zarcillos y discernir cuáles son fructíferos y cuáles no. Esta nueva conciencia puede ser increíblemente liberadora.

En última instancia, al captar nuestras enmarañadas raíces, honramos todos los aspectos de nuestro ser. Somos individuos complejos y polifacéticos que hemos capeado tormentas y disfrutado de la luz del sol. Esta comprensión nos dota de la sabiduría y la empatía necesarias para abordar nuestras tendencias codependientes sin juzgarlas, sino con un espíritu enriquecedor que fomenta el crecimiento y el cambio verdaderos.

En las siguientes secciones, nos basaremos en estos cimientos. Pero por ahora, siéntete orgulloso del valiente trabajo de reconocer y explorar tus raíces. Sepa que cada día tiene la oportunidad de cultivar una vida que resuene con autenticidad, equilibrio y amor recíproco. Este es el regalo de la comprensión, la promesa de desenredar y la belleza de la transformación.

El Espectro del Comportamiento Codependiente

A medida que profundizamos en la naturaleza multifacética de la codependencia, es crucial reconocer que el comportamiento codependiente no es un escenario de talla única. Por el contrario, abarca un espectro que va desde tendencias leves y casi imperceptibles hasta patrones profundamente perturbadores que pueden dominar la vida y las relaciones de una persona. Al comprender este espectro, puede identificar mejor dónde se encuentra usted o un ser querido y los pasos necesarios para navegar hacia interacciones más saludables.

En el extremo más leve del espectro, los comportamientos codependientes pueden aparecer como una reticencia ocasional a dejar que los seres queridos cometan sus propios errores. Es esa vocecita que te insta a intervenir, casi inconscientemente, porque crees que puedes evitar un poco de incomodidad por su parte. Las intenciones pueden ser puramente de cuidado, pero estas pequeñas acciones pueden evolucionar gradualmente hacia comportamientos más intrusivos.

Salir de las sombras

Moviendo a lo largo del espectro, vemos individuos a los que les resulta cada vez más difícil distinguir entre la participación de apoyo en la vida de un ser querido y la apropiación de sus problemas. Es aquí donde uno puede preguntarse sin descanso: "¿Están bien?" o ajustar constantemente sus planes y preferencias para garantizar la felicidad de los demás. Estos comportamientos reflejan una dependencia cada vez mayor de la necesidad de ser necesitado—una piedra angular de la dinámica codependiente.

Más adentro, el espectro revela a aquellos que anteponen regularmente las necesidades de los demás a las suyas propias, en detrimento de su autocuidado y bienestar. Es el amigo que siempre está disponible a la primera de cambio, a pesar de su propio agotamiento, o el padre que no puede dejar que su hijo adulto afronte los altibajos de la vida de forma independiente. El resentimiento puede surgir en esta etapa, a menudo acompañado de la desconcertante sensación de que sus propias vidas están cada vez más fuera de control.

Incluso más intensos en el espectro de los comportamientos codependientes son los individuos cuyo sentido del propósito se siente totalmente ligado a la gestión de la vida de otra persona. Su identidad y su autoestima pueden depender de su papel de cuidador o salvador, lo que les hace vulnerables a la manipulación y les mantiene siempre en un estado de confusión emocional debido a las acciones de sus seres queridos. Aquí, la codependencia se manifiesta en forma de comportamientos paralizantes que no sólo dominan la vida del individuo, sino que también tienen el potencial de destruir las relaciones. Culmina en una necesidad casi compulsiva de controlar o involucrarse en los detalles de la existencia de otra persona. Estas personas pueden actuar de forma que protejan a sus seres queridos de las consecuencias de sus comportamientos, como la adicción o la irresponsabilidad.

Sea claro, encontrarse en algún lugar de este espectro no es un déficit de carácter; es una señal que indica áreas en las que el crecimiento y la curación están llamando su atención. Para algunos, el comportamiento codependiente es un patrón aprendido desde la infancia, el eco de dinámicas observadas y absorbidas de cuidadores primarios que a su vez navegaban por el laberinto de sus necesidades emocionales.

Reconocer en qué parte de este espectro te encuentras es un paso fundamental para fomentar el autoconocimiento. El autoconocimiento es el faro que puede sacarle de la niebla de la codependencia. Comienza con una indagación suave y una mirada compasiva a las motivaciones que impulsan tus acciones. A partir de aquí, puede empezar a discernir la diferencia entre los comportamientos saludables y de apoyo y los que perpetúan la codependencia.

En realidad, el comportamiento codependiente puede ser tan sutil como un ligero exceso de confianza en la aprobación de la pareja o tan amplio como renunciar a todos los intereses personales en favor de las necesidades de la pareja. No siempre se trata de grandes gestos; a veces, son las pequeñas decisiones cotidianas las que refuerzan el ciclo de codependencia. Es la pareja que subrepticiamente toma un día por enfermedad para hacer frente a las crisis de su pareja en lugar de atender a su propia carrera o el individuo que no puede disfrutar de una noche fuera sin comprobar para tranquilizar a alguien en casa.

Lo que es fundamental recordar es que el comportamiento codependiente no tiene sus raíces en la maldad o en el deseo de hacer daño; a menudo surge de un miedo profundo y no abordado— una ansiedad por el abandono o una creencia muy arraigada de que el valor de uno está inextricablemente ligado a su utilidad para los demás. Es un mecanismo de protección que ha superado su propósito, un intento equivocado de fomentar la conexión y evitar la pérdida.

Salir de las sombras

El cambio comienza con la comprensión y la compasión— no sólo por los demás, sino, lo que es más importante, por uno mismo. Date cuenta de cuándo traspasas tus límites y te adentras en el espacio de otra persona. Sé consciente de los momentos en los que te sientes obligado a arreglar o salvar a otra persona, y pregúntate qué es lo que realmente intentas curar. ¿Es su dolor o tu malestar con su dolor? Ser capaz de soportar esta incomodidad es una habilidad que puede desarrollarse con tiempo y paciencia.

Transformar los comportamientos codependientes en comportamientos interdependientes y saludables es un acto de valentía. Requiere ser sincero, aceptar la vulnerabilidad y practicar el amor propio. Significa dejar de lado las cargas innecesarias que ha llevado con la esperanza de ganarse el amor o evitar el rechazo y recoger las herramientas que le ayudarán a construir y mantener límites que le honren tanto a usted como a los que le importan.

Recuerde, curarse de la codependencia no implica que deba endurecer su corazón o retirarse de sus seres queridos. Significa aprender a amar y apoyar sin perderte a ti mismo en el proceso. Se trata de encontrar el equilibrio, de reconocer dónde empiezas tú y dónde acaban los demás, y de cultivar un sentido de uno mismo que sea independiente de tu papel en la vida de los demás.

El viaje a través del espectro del comportamiento codependiente no es solitario, y no tienes por qué recorrerlo solo. Hay muchas formas de apoyo disponibles: amigos, familiares, terapeutas y grupos de recuperación. Cada paso dado hacia el cambio, por pequeño que sea, forma parte de un proceso transformador más amplio. Usted no es sus comportamientos codependientes; usted es una persona capaz de crecer, cambiar y prosperar en sus relaciones con los demás y, lo que es más importante, con usted mismo.

Capítulo 2:
La codependencia a través de los tiempos

Extrayendo las capas del tiempo, descubrimos que la codependencia no es un invento moderno— ha estado intrincadamente entretejida en el tejido de las relaciones humanas, transformándose junto con las sociedades. A lo largo de la historia, las cambiantes estructuras sociales, desde tribus muy unidas hasta vastos imperios, han modelado las pautas de interdependencia entre las personas. Las normas y valores culturales han influido en lo que se consideraba una dinámica relacional favorable o perjudicial. A medida que hemos evolucionado, también lo han hecho los roles dictados por el género, la clase social y la cultura, cada uno con su propio sabor de expectativas relacionales— a menudo cultivando terrenos para que los comportamientos codependientes florezcan inadvertidamente. Es un rico tapiz que se ha ido desplegando y que nos ha traído a la modernidad, donde la globalización y un ritmo de vida más rápido plantean nuevos retos y reflexiones sobre la conexión humana. Al diseccionar este viaje, no estamos señalando épocas o ideales, sino desvelando la presencia constante y siempre cambiante de la codependencia para comprender mejor nuestras luchas actuales y allanar el camino hacia formas más sanas de relacionarnos con nosotros mismos y con los demás. Esta conciencia es nuestra aliada, ya que nos recuerda que nuestra danza con la codependencia no es un soliloquio, sino una experiencia humana colectiva, que nos empuja hacia el crecimiento y una mayor autonomía.

La codependencia no es un fenómeno aislado.

Contexto histórico

Al adentrarnos en las raíces de la codependencia, es esencial reconocer que nuestra comprensión de este patrón de comportamiento tiene profundas bases históricas, que se remontan mucho más atrás que el propio término. El concepto, que se esconde bajo distintas apariencias, se ha entretejido en el tapiz de las relaciones humanas a lo largo de las épocas. Sólo en la historia reciente ha aparecido el término "codependiente", arrojando luz sobre lo que durante mucho tiempo había estado oculto en las dinámicas sociales.

Incluso sin la terminología, las evidencias de comportamientos codependientes se remontan a las civilizaciones antiguas. Pensemos en los relatos míticos en los que los destinos de los personajes parecían entrelazados hasta el punto de la destrucción mutua o el sacrificio heroico. Estas narraciones ponen de relieve una tendencia humana fundamental a enredar nuestro sentido del yo con el de los demás, a veces en detrimento nuestro.

Siguiendo adelante en el tiempo, el periodo medieval ofrece ejemplos de relaciones codependientes arraigadas en estructuras sociales, como el sistema feudal, en el que la lealtad y el servilismo regían los vínculos entre vasallos y señores. Tales dependencias, aunque sancionadas culturalmente, sentaban las bases para que el valor y la supervivencia de un individuo dependieran de los caprichos y la fortuna de otro.

Con el Renacimiento y los posteriores periodos de ilustración e industrialización llegó el auge del individualismo. Sin embargo, esto no erradicó los patrones de codependencia que a menudo persistían en las esferas privadas. En las elaboradas danzas del cortejo y la intrincada interacción de las clases sociales, las personas a menudo encontraban su valor e identidad en la aprobación de los demás.

El término "codependencia" en sí no se popularizó hasta la segunda mitad del siglo XX, surgiendo originalmente en el contexto de Alcohólicos Anónimos y la comprensión de la dinámica familiar en torno a la adicción. El lenguaje evolucionó para describir a los cónyuges, a menudo esposas, cuyas vidas se veían consumidas por la necesidad de manejar, encubrir o controlar al adicto de la familia.

A medida que los profesionales observaban esta dinámica, empezaron a darse cuenta de que los comportamientos de estos cónyuges se asemejaban a una adicción en sí misma—una adicción a la necesidad de ser necesitado, o una implicación en la vida de otro tan profunda que oscurecía su propia identidad y agencia.

Esta comprensión fue innovadora. Ampliaba la visión de la codependencia más allá del ámbito de las relaciones con drogodependientes para incluir un abanico más amplio de dinámicas en las que los individuos podían convertirse en cuidadores hasta el punto de descuidarse a sí mismos, o en las que su autoestima estaba estrechamente ligada a la validación de quienes les rodeaban.

Los cambios culturales de los años sesenta y setenta en Estados Unidos, con una mayor atención a la libertad personal y el bienestar psicológico, influyeron aún más en el escrutinio de las relaciones personales y en la aparición de la codependencia como problema social. A medida que las personas buscaban realizarse fuera de las estructuras tradicionales, se enfrentaban tanto a la oportunidad como al peligro de redescubrir sus identidades, incluido el riesgo de perderse en los demás.

La década siguiente trajo consigo una gran cantidad de literatura y libros de autoayuda sobre la codependencia, lo que ayudó a consolidar el término en la conciencia pública. Fue entonces cuando la codependencia empezó a considerarse no sólo un dilema relacional, sino también personal, que afectaba a la relación con uno mismo tanto como con los demás.

A finales del siglo XX, el debate en torno a la codependencia había evolucionado para reconocer sus matices y el espectro de comportamientos que abarcaba. Lo que empezó siendo un término específicamente relacionado con el alcoholismo se había convertido en un concepto más amplio, que psicólogos, terapeutas y el público en general trataban no sólo en el ámbito del abuso de sustancias, sino también en las relaciones cotidianas y las circunstancias de la vida.

Al entrar en el nuevo milenio, el debate global sobre la salud mental y los modelos de relación siguió cambiando. La codependencia siguió siendo un tema clave, pero su exploración se amplió aún más, observando cómo los roles históricos de género, los factores socioeconómicos y las expectativas culturales influían en los comportamientos codependientes.

Hoy en día, entendemos la codependencia a través de los prismas de la teoría del apego, la dinámica familiar, la psicología interpersonal e incluso la neurobiología. Patrones relacionales históricamente normalizados son ahora expuestos a la luz, cuestionados y analizados por su salud y sostenibilidad.

En resumen, el contexto histórico de la codependencia revela un viaje de lo no dicho a lo destacado, de los mitos antiguos al discurso psicológico moderno. Hemos llegado a ver la codependencia no como una etiqueta estática, sino como un reto dinámico y polifacético, que nos recuerda que la búsqueda de unas relaciones equilibradas y sanas es un esfuerzo tanto individual como colectivo; un viaje tan antiguo como el tiempo, tan fresco como los últimos descubrimientos sobre nuestra naturaleza humana.

Mientras desentrañamos la historia que ha dado forma a nuestra comprensión de la codependencia, dejemos espacio para la compasión, para aquellos que nos precedieron luchando con estos patrones en silencio, y para nosotros mismos mientras seguimos navegando y transformando estas duraderas complejidades humanas.

La codependencia en la sociedad moderna Después de explorar el contexto histórico de la codependencia, es hora de profundizar en cómo se manifiesta en nuestra época actual. La sociedad moderna, con su ritmo acelerado, sus conexiones digitales y su compleja dinámica social, presenta un escenario único para que se desarrollen los comportamientos codependientes. Vivimos en un mundo más conectado que nunca, pero a menudo nos sentimos más aislados. Esta dualidad actúa como un terreno fértil para fomentar las relaciones codependientes.

En el fondo, la codependencia tiene que ver con las relaciones. Hoy en día, a menudo vemos a personas que miden su valía en función de sus relaciones y su posición social, gracias a las redes sociales y a la cultura de los famosos, que nos recuerdan constantemente la "importancia" de tener una vida perfecta, en la red y fuera de ella. Todo el mundo parece buscar validación, a menudo en forma de "me gusta" y comentarios, o a través de la distorsionada lente del número de amigos o seguidores que uno tiene. Esta persecución digital puede transformarse fácilmente en una forma moderna de codependencia, que puede parecer menos tradicional pero que tiene el mismo impacto en nuestro bienestar.

Además, nuestras vidas profesionales no son inmunes a estos patrones. La cultura del ajetreo glorifica la actividad como una insignia de honor, a menudo difuminando las líneas entre el espacio personal y los compromisos laborales. Esto puede crear elementos de codependencia en los que la autoestima está directamente ligada a los logros profesionales o a la aprobación de colegas y superiores. Los lugares de trabajo pueden convertirse en caldo de cultivo de dinámicas codependientes, con cadenas de suministro emocional que enredan a trabajadores y directivos de forma poco saludable.

Las cambiantes estructuras y dinámicas familiares de las sociedades modernas también dejan huella. Cuando ambos cónyuges trabajan a tiempo completo, los sistemas de apoyo tradicionales pueden verse sometidos a tensiones, lo que hace que las personas busquen y se aferren a relaciones que les proporcionen una sensación de seguridad y propósito. El resultado puede ser un aumento del apego codependiente a parejas que se consideran indispensables para mantener el equilibrio de la vida familiar. Nuestras necesidades percibidas están constantemente influenciadas por el marketing y la publicidad, lo que nos lleva a vincular nuestra autoestima a las posesiones materiales o a la capacidad de proporcionarlas a los demás. Esto puede perpetuar los comportamientos codependientes, ya que las personas pueden tener dificultades para encontrar un valor intrínseco en sí mismas, en ausencia de marcadores externos de éxito.

Además, los cuidadores familiares a menudo se ven empujados a desempeñar papeles codependientes, reforzados por la expectativa de que deben sacrificar sus propias necesidades en beneficio de familiares ancianos o enfermos. Aunque cuidar es una función noble y esencial, a veces puede crear una dinámica en la que el cuidador obtiene su sentido de sí mismo únicamente a través de su papel de cuidar a otra persona.

Los sistemas educativos también pueden fomentar inadvertidamente comportamientos codependientes. Los estudiantes pueden volverse demasiado dependientes de la validación de profesores y compañeros, desarrollando un sentido de autoestima que depende totalmente del rendimiento académico o de la aceptación en los círculos sociales. Esta forma de codependencia puede sembrar desde muy pronto la semilla de la autoestima y la sensación de logro.

La sociedad moderna, con su énfasis en el individualismo, también alimenta irónicamente la narrativa de la codependencia. Se te dice que puedes hacer cualquier cosa, ser cualquier cosa – pero el subtexto a menudo es que debes alcanzar estos objetivos mientras estás intrincada e imposiblemente conectado a las opiniones y deseos de los demás. El mensaje es confuso: sé independiente, pero asegúrate de que esa independencia sea validada por los demás.

Otro aspecto a tener en cuenta es el aumento de la concienciación sobre la salud mental. Aunque esto es ciertamente positivo, también tiene consecuencias no deseadas. Algunas personas pueden crear identidades en torno a sus problemas de salud mental o los de sus seres queridos, fomentando inadvertidamente dinámicas de codependencia al verse envueltos en el papel de cuidadores o en la identidad de alguien con una enfermedad mental.

La expectativa de disponibilidad constante que ofrecen los teléfonos inteligentes e Internet puede tensar las relaciones interpersonales. Estar localizable 24 horas al día, 7 días a la semana deja poco espacio para la separación necesaria para una independencia saludable. En las relaciones sentimentales, esto puede provocar ansiedad y comportamientos obsesivos, ya que algunos pueden ver el tiempo de respuesta de su pareja como una medida de su dedicación o amor, lo que desencadena tendencias codependientes a necesitar una seguridad constante.

Incluso en las amistades puede aflorar la codependencia. Las personas pueden sentirse presionadas para estar disponibles o apoyar a todas horas, priorizando las necesidades de los amigos sobre las propias, a menudo a expensas de su salud mental. Decir que no o poner límites puede verse como una traición en lugar de un acto saludable de autocuidado, lo que empuja a las personas hacia patrones de codependencia más profundos.

Salir de las sombras

Además, la industria de la salud y el bienestar, centrada en la superación personal, puede tener a veces un efecto inverso. La gente puede volverse dependiente de entrenadores, instructores o gurús, buscando siempre el siguiente consejo o validación en su búsqueda de un yo mejor. Es una pendiente resbaladiza pasar de la búsqueda de orientación a la codependencia de estas figuras para la autoestima.

A pesar de estas presiones sociales, es vital reconocer que ninguno de estos factores es inamovible. A medida que la sociedad evoluciona, también lo hacen los individuos. Es más que posible vivir dentro de estos sistemas a la vez que se fomentan relaciones sanas e interdependientes, que respeten la autonomía y promuevan el crecimiento mutuo en lugar del estancamiento codependiente. Reconocer las formas en que la sociedad influye en nuestras relaciones es el primer paso para liberarse de los patrones codependientes.

Así que, aunque la codependencia en la sociedad moderna puede adoptar un aspecto diferente en comparación con épocas anteriores, más elegante y sutil, es igual de omnipresente e igual de difícil de manejar. El camino para liberarse de estos patrones requiere conciencia, esfuerzo y, a menudo, apoyo. Pero con estas herramientas a mano, las personas pueden construir relaciones y vidas que sean satisfactorias sin sacrificarse, y eso es algo a lo que realmente vale la pena aspirar.

Dicho esto, no seas duro contigo mismo por haber navegado por este paisaje con una brújula codependiente. Todos hacemos lo mejor que podemos con los mapas que se nos dan y actualizar esos mapas con nuevos conocimientos y percepciones es una parte integral del viaje. Cada paso hacia una independencia saludable y lejos de la codependencia es un paso hacia una vida que es vibrantemente tuya; interconectada con los demás pero no excesivamente dependiente de ellos para tu sentido del yo y de la dirección.

A medida que continuemos en el próximo capítulo, exploraremos la intrincada psicología de la codependencia, arrojando más luz sobre el funcionamiento interno que sostiene estos patrones de comportamiento y prepara el escenario para la transformación y el crecimiento.

La codependencia es una forma de codependencia.

Capítulo 3:
La psicología de la codependencia

Al pasar la página de la historia a los fundamentos psicológicos, nos adentramos en lo que hace que la codependencia sea mucho más que un simple patrón de comportamiento; es un complejo tapiz tejido con los hilos de nuestras primeras relaciones y rasgos intrínsecos de personalidad. En este núcleo, a menudo comienza con el apego—el vínculo emocional que se forma entre un niño y su cuidador. El grado de seguridad o inseguridad del apego puede sentar las bases de futuras dinámicas relacionales, como la tendencia a aferrarse demasiado a los demás para sentirse uno mismo. Esta configuración emocional puede convertirse en el terreno de juego de la codependencia, donde los miedos y las necesidades se entrecruzan de tal manera que uno se siente como si su propia supervivencia dependiera de otra persona. Recuerda que no es culpa tuya encontrarte enredado en rasgos codependientes. Estos patrones emocionales suelen surgir como el mejor intento del cerebro para hacer frente a circunstancias difíciles. Al reconocer y comprender esto, ya estás en el camino hacia la curación y la reconfiguración de la relación que tienes contigo mismo y con los demás.

El apego y el desarrollo infantil Cuando consideramos el jardín de nuestras vidas, es esencial observar las semillas plantadas en nuestros primeros años. La forma en que nos apegamos a nuestros cuidadores principales a menudo se convierte en el modelo de cómo nos relacionamos más adelante. Esto no significa que nuestro destino esté sellado en la infancia, pero sí sugiere que nuestros años de formación contienen pistas significativas sobre nuestros patrones relacionales, incluida la tendencia a la codependencia.

La teoría del apego explica cómo la naturaleza de nuestros vínculos tempranos influye en nuestra salud emocional y en nuestras relaciones interpersonales. Si nuestros cuidadores fueron siempre afectuosos y receptivos, probablemente cultivamos un estilo de apego seguro. Esto constituye la base para sentirnos merecedores de amor y capaces de confiar en los demás. Por otro lado, si nuestros cuidadores eran inconsistentes, intrusivos o emocionalmente ausentes, es posible que hayamos desarrollado un estilo de apego inseguro, que puede sentar las bases para comportamientos codependientes en la edad adulta.

Piense en un niño cuyas necesidades emocionales no se satisfacen de forma fiable. Pueden volverse excesivamente pegajosos, temiendo el abandono, o emocionalmente distantes, protegiéndose preventivamente de la decepción. A medida que crecen, pueden volverse hipervigilantes ante los estados de ánimo y las necesidades de quienes les rodean, tratando inconscientemente de asegurarse afecto y estabilidad. Sin darse cuenta, están ensayando el baile de la codependencia, aprendiendo a sintonizar con los demás a expensas de su propia voz interior.

Pero no se trata sólo de la presencia o ausencia de cariño. Se trata también de la calidad de la atención recibida. Cuando el amor es condicional o caprichoso, el niño aprende a rendir o a adaptarse para ganárselo. Estos niños pueden convertirse en adultos que sienten que deben ser perpetuamente útiles o agradables para merecer un lugar en el mundo de alguien. Esto puede convertirse en un patrón de sacrificio de sus necesidades, deseos y, a veces, incluso de su bienestar por el beneficio percibido de los demás; un sello distintivo del comportamiento codependiente.

Salir de las sombras

Los niños criados en entornos en los que los cuidadores son autoritarios o controladores pueden sentir que su autonomía está amenazada. Se adaptan amoldándose a los caprichos y deseos de estos cuidadores. Desgraciadamente, este comportamiento aprendido se traduce en relaciones adultas en las que la persona puede tener dificultades para establecer límites sanos, temiendo que hacer valer sus necesidades provoque rechazo o conflicto.

En los hogares en los que existe adicción o enfermedad mental, la imprevisibilidad y el caos pueden perturbar el desarrollo de un apego seguro. La incoherencia de un progenitor adicto o enfermo mental puede hacer que el niño se sienta inseguro y ansioso, esperando siempre que caiga el otro zapato. Esta ansiedad puede manifestarse en la edad adulta como una necesidad de control o una predilección por las relaciones con personas a las que hay que "salvar" o "arreglar", haciéndose eco de la dinámica que experimentaron en la infancia.

Uno podría preguntarse: "Si nuestro estilo de apego se forma tan pronto, ¿es realmente posible el cambio?". Es una pregunta justa. Sin embargo, aunque nuestras experiencias tempranas son profundas, no son el destino. La capacidad humana de crecimiento y adaptación es milagrosa. Al reconocer las raíces de nuestra dinámica relacional, nos capacitamos para cultivar patrones de interacción más saludables.

Reconocer las características de nuestro estilo de apego puede ser a la vez una afirmación y un reto. A menudo hace aflorar una mezcla de emociones, incluido el dolor por las partes de nuestra infancia en las que nos sentimos invisibles o sin apoyo. Sin embargo, ese reconocimiento es un poderoso catalizador del cambio. Nos invita a convertirnos en nuestros propios cuidadores, a darnos a nosotros mismos el amor, la atención y la validación que quizá hayamos estado buscando en los demás.

Así que, si nos encontramos sumidos en la codependencia, podemos mirar a nuestro pasado no con culpa o resignación, sino con curiosidad y compasión. Comprendiendo el "por qué" de nuestra necesidad imperiosa de cuidar o complacer, podemos desenredar suavemente los hilos de nuestro pasado del tejido de nuestro presente. Nos convertimos en jardineros conscientes, que plantan nuevas semillas de autoestima, respeto mutuo y afecto recíproco en el suelo fértil de nuestras vidas.

Sanar la codependencia implica aceptar la vulnerabilidad de explorar las necesidades y los miedos de nuestro niño interior. Requiere paciencia, ya que estas heridas no se formaron de la noche a la mañana. El dominio de la autocompasión es una herramienta poderosa en este viaje. Al nutrirnos con bondad, empezamos a reescribir la narrativa de que nuestro valor depende de nuestra utilidad para los demás.

El apoyo terapéutico puede ser inestimable para comprender y remodelar los patrones de apego. Un terapeuta experto crea un espacio seguro para explorar estas relaciones formativas y ofrece estrategias para desarrollar vínculos saludables. La conexión auténtica con un terapeuta puede modelar cómo se siente el apego seguro y puede ayudar a interiorizar esta nueva experiencia.

Además, los grupos de apoyo para la codependencia pueden proporcionar un sentido de comunidad, comprensión y experiencia compartida que puede ser profundamente afirmativo. Al compartir historias y estrategias, nos damos cuenta de que no estamos solos en nuestras luchas, y podemos sacar fuerzas de la sabiduría colectiva de otros que están recorriendo un camino similar.

Incorporar prácticas de atención plena puede ayudar a anclarnos en el momento presente, donde tenemos el poder de tomar decisiones diferentes. En lugar de caer reflexivamente en viejos patrones de comportamiento codependiente, podemos hacer una pausa, respirar y responder a las situaciones con un sentido claro y arraigado de nosotros mismos. La atención plena nos ayuda a desengancharnos del piloto automático de las respuestas condicionadas y a navegar por nuestras relaciones con más intención y claridad.

Y celebremos cada paso adelante, por pequeño que parezca. Cada vez que reconocemos nuestros sentimientos, establecemos un límite, expresamos una necesidad o priorizamos nuestro bienestar, estamos reforzando una nueva forma de estar en el mundo. Estamos avanzando hacia la interdependencia—un equilibrio entre dar y recibir, en el que las relaciones se basan en la igualdad, el respeto y el apoyo mutuo.

En última instancia, comprender el impacto del apego y el desarrollo infantil en la codependencia no consiste en culpar a nadie. Se trata de comprender el "por qué" de nuestros comportamientos, para poder dirigirnos compasivamente hacia el "cómo" del cambio. Al curar con ternura las heridas del pasado, despejamos el camino para el crecimiento de conexiones sanas y satisfactorias que honran el valor inherente de nosotros mismos y de los demás.

La codependencia no es una cuestión de culpar a nadie.

El Papel de los Rasgos de Personalidad Hemos explorado las raíces y el paisaje sociohistórico de la codependencia, y a medida que nos embarcamos en este complejo terreno, es crucial examinar el papel de los rasgos de personalidad. Los rasgos de personalidad, esos patrones constantes de comportamiento, emoción y pensamiento, son como los hilos entretejidos en el tejido mismo de lo que somos. Comprenderlos es como leer un mapa de nuestro comportamiento; nos muestra hacia dónde vamos a ir a menos que elijamos conscientemente otro camino.

Ahora hablemos de los cinco grandes: apertura, conciencia, extraversión, amabilidad y neuroticismo. Visualice estos rasgos como diales en un panel de control. Para algunos, el dial del neuroticismo podría estar subido, generando ansiedad, que podría alimentar comportamientos codependientes. Estas personas pueden sentirse siempre ansiosas por sus relaciones y temer que las abandonen en cualquier momento.

Por otro lado, las personas que tienden a la codependencia suelen tener un alto grado de simpatía. Si bien este rasgo puede ser un bello reflejo de calidez y compasión, cuando se lleva al extremo, puede significar que se está haciendo todo lo posible, comprometiendo sus propias necesidades, para mantener la paz o para caer bien.

No olvidemos la conciencia; a menudo vista como una virtud, ser diligente y organizado. Pero cuando se cruza la línea que separa la responsabilidad del control, es posible que estemos utilizando estos atributos para controlar a los demás o para mantener a raya nuestros propios miedos, dos patrones codependientes característicos.

La extraversión también puede ser un arma de doble filo. Esa atracción hacia el compromiso social puede transformarse en una dependencia de los demás para la validación, dejándonos perdidos cuando estamos solos. Y si el dial de la apertura está demasiado bajo, puede significar que somos menos adaptables al cambio y nos aferramos a relaciones familiares, aunque no sean saludables, porque son lo que conocemos.

¿Pero por qué estos rasgos de personalidad se inclinan hacia un lado u otro? La genética, el entorno y las experiencias de la primera infancia desempeñan un papel importante. Las experiencias traumáticas, especialmente, pueden forjar ciertos rasgos de personalidad como mecanismos de afrontamiento. El niño que aprende que ser agradable evita los conflictos, por ejemplo, puede convertirse en el adulto que no sabe decir que no.

Sin embargo, las personalidades no son estáticas. Se parecen más a la masilla que al cemento y, aunque algunos rasgos permanecen, otros pueden modificarse con el tiempo. Ser consciente de tus tendencias es el primer paso; es ese momento de conciencia el que se convierte en la semilla del cambio. Comprender que puedes moderar la reactividad emocional o fomentar la asertividad con la práctica puede ser liberador.

La observación consciente de tus comportamientos, en relación con estos rasgos de personalidad, puede revelar mucho sobre tus interacciones. Por ejemplo, si busca constantemente la afirmación de los demás o se siente agotado porque nunca da prioridad a sus propias necesidades, estos son momentos llenos de oportunidades para hacer una pausa, reflexionar y empezar a tejer un nuevo patrón. El cuidado y la preocupación que muestras por los demás son puntos fuertes. La habilidad consiste en equilibrarlos para que tu amabilidad hacia los demás no eclipse la amabilidad hacia ti mismo. Se trata de asegurarte de que tus acciones son impulsadas por la elección, no alimentadas por la compulsión.

Abrazar toda tu gama de rasgos, los menos que ideales junto con los brillantes, permite un viaje genuino hacia la curación. No se trata de cambiar quién eres, sino cómo expresas y gestionas esos aspectos de ti mismo. Se trata de dirigir tu barco con intención, en lugar de dejarte llevar por los vientos de la costumbre.

Entonces, centrémonos en cambiar estos rasgos de directores de nuestra vida a asesores. Este cambio nos permite escuchar las aportaciones sin dejarnos dominar por ellas. Por ejemplo, si su escrupulosidad le empuja hacia una necesidad abrumadora de perfección, quizá sea el momento de aconsejarle que pase a un segundo plano y deje que el "suficientemente bueno" tome el timón de vez en cuando.

Muchas personas han recorrido el camino que usted está recorriendo y han descubierto que tomar conciencia de sus rasgos de personalidad les ha permitido salir de los ciclos codependientes. Es un viaje que no hay que recorrer solo. Los sistemas de apoyo, ya sean amigos, familiares, profesionales o grupos de apoyo, pueden dar cabida a esta evolución. Tienes la capacidad de reducir los rasgos que te atrapan y aumentar los que te liberan. Es un proceso que lleva tiempo, paciencia y mucha autocompasión. Pero con cada pequeño ajuste, redefine su relación consigo mismo y con los demás.

Abordemos el elefante en la habitación: el miedo. El miedo puede mantenerte encerrado en una danza codependiente, temiendo el cambio, temiendo la pérdida, temiendo lo desconocido. Transformar el miedo en curiosidad transforma el viaje. ¿Qué pasaría si, en lugar de tener miedo de lo que podría perderse, sintiera curiosidad por lo que podría ganarse?

Al cerrar este capítulo, recuerde que este conocimiento es poder. Al desentrañar el papel de los rasgos de personalidad en la codependencia, usted está equipado con las herramientas para reconocer, desafiar y, en última instancia, cambiar los patrones que lo mantienen atascado. No estás reescribiendo quién eres; estás reclamando la narrativa de tu vida. Y eso, amigo mío, es un poderoso paso hacia la libertad.

Capítulo 4:
Patrones y características de las relaciones codependientes

A medida que profundizamos en las complejidades de las relaciones codependientes, descubrimos un tapiz tejido con patrones y características complejas que revelan signos de entrelazamiento emocional. Estas relaciones suelen funcionar a la sombra de una pareja desequilibrada en la que el sentido de propósito de una persona está estrechamente ligado al cuidado de otra. En la danza dinámica de la codependencia, las personas pueden verse atraídas una y otra vez por compañeros que parecen necesitar apoyo de forma irresistible o, por el contrario, se convierten en la roca en la que se apoya su pareja, a veces en detrimento propio. En estas interacciones, los límites que suelen ayudar a que las relaciones prosperen se vuelven borrosos o inexistentes, dando lugar a una fusión de identidades que complica la capacidad de reconocerse separado de la pareja o de sus problemas. Es un rompecabezas emocional en el que el afecto y la atención pueden ser abundantes, pero faltan los ingredientes para una conexión sana y autónoma. Reconocer estos patrones es un paso fundamental para comprender el tejido de las relaciones codependientes y el hilo que puede haberte conducido hasta aquí. El reconocimiento es donde comienza el viaje de la transformación, y el camino hacia una relación equilibrada y resistente está por llegar. Así que pasemos la página de la codependencia y tejamos una nueva narrativa, una en la que tú seas tanto el autor como el héroe de tu historia.

Habilitación y Engranaje Para comprender las complejidades de la dinámica codependiente es necesario que profundicemos en dos comportamientos clave: habilitación y engranaje. Estos comportamientos pueden saturar el tejido de una relación con una fuerte dosis de codependencia, dejando a menudo a los implicados sintiéndose atascados, impotentes o sin un sentido de identidad individual. Encontramos que aquellos que se preocupan profundamente pueden caer en patrones que se sienten como apoyo pero que en cambio impiden que sus seres queridos enfrenten sus problemas de frente.

Habilitar es como poner una curita temporal en una herida profunda, esperando que de alguna manera sea suficiente— incluso cuando está claro que no durará mucho. Cuando estás habilitando, estás interviniendo para arreglar, resolver o hacer que desaparezcan las consecuencias de los comportamientos de otra persona. Es dar cobertura, poner excusas o asumir la responsabilidad de acciones que no te corresponden. Permitir no es sólo una ayuda equivocada; es un comportamiento que impide que la otra persona experimente plenamente los resultados naturales de sus acciones, que, irónicamente, podrían ser las mismas lecciones que necesita aprender para crecer.

Ahora, hablemos del enmeshment. Imagina dos plantas en una maceta, con las raíces tan entrelazadas que no puedes decir dónde acaba una y empieza la otra. Esto es lo que se siente en las relaciones humanas. Es cuando los límites son tan difusos que los pensamientos, sentimientos y necesidades individuales se vuelven indistinguibles de los de los demás. Se pierde la noción de dónde acaba uno y empieza la otra persona, lo que conduce a una cercanía asfixiante que ahoga el crecimiento y genera resentimiento con el paso del tiempo.

Juntos, la habilitación y el engranaje crean una dinámica que puede ser asfixiante. Las parejas o los miembros de la familia se atrincheran tanto en estos patrones que incluso la idea de cambiar se siente como una amenaza existencial. Cuando uno está tan acostumbrado a ser el cuidador, el chupete o el que mantiene la paz, imaginar una relación sin estos roles puede ser francamente aterrador. Pero es importante recordar que el crecimiento a menudo viene vestido con ropajes de incomodidad.

Identificar el enredo en una relación requiere un agudo sentido de autoconciencia. Puede que le resulte difícil tomar decisiones sin buscar aprobación o que se sienta culpable por tener pensamientos que entran en conflicto con las opiniones de su ser querido. La enemistad a menudo comienza en la infancia, cuando las líneas entre padres e hijos se vuelven demasiado borrosas, lo que conduce a un patrón que se mantiene en la edad adulta y se repite en otras relaciones.

Fomentar la comprensión de cuándo la ayuda y el apoyo se convierten en habilitación es esencial. Habrá momentos en los que echar una mano sea apropiado. Sin embargo, discernir cuándo el apoyo se convierte en una muleta requiere honestidad y, a veces, la valentía de dar un paso atrás. Está bien permitir que los demás afronten los retos porque así es como se construye la resiliencia. Apoyar no significa resolver. Y amar no significa proteger a los seres queridos de todas las dificultades.

Liberarse del enredo implica redefinir el sentido de uno mismo. Se trata de desenredarte de la red de identidad compartida y reconocer tus cualidades, deseos y valores únicos. Quitar las capas de una relación enredada puede ser desalentador, pero la nueva libertad puede ser estimulante. Practicar la diferenciación le permite permanecer conectado, sin dejar de honrar su individualidad.

Para alejarse de la habilitación, practique el establecimiento de intenciones para sus interacciones. Antes de intervenir para solucionar una situación, haz una pausa. Pregúntate si tu acción está potenciando o si está impidiendo el curso natural del aprendizaje y la responsabilidad. A veces, lo más cariñoso que puedes hacer es no hacer nada— dejar espacio para que los demás encuentren su propia fuerza y soluciones.

Cuando trabajes en estos patrones, espera retrocesos. El cambio puede alterar el orden establecido, y no es raro que las personas con las que tienes una relación se resistan. Puede que al principio no entiendan tus nuevos límites y tu autonomía. Con el tiempo, sin embargo, pueden llegar a ver los beneficios, ya que ambos comienzan a experimentar una relación que permite el crecimiento mutuo y el respeto.

Explorar los motivos detrás de sus acciones puede revelar mucho acerca de las tendencias de habilitación y enmeshment. ¿Está solucionando un problema porque se siente obligado a hacerlo o porque es más fácil que enfrentarse a la incómoda verdad de la situación? ¿Le preocupa que su ser querido se enfrente a consecuencias naturales? La comunicación desempeña un papel crucial en la redefinición de sus vínculos. Las conversaciones constructivas y sinceras, en las que se expresan los sentimientos y las expectativas sin culpar ni juzgar, pueden poner de manifiesto las pautas perjudiciales que hay que cuestionar. Y aunque estas discusiones pueden ser difíciles, allanan el camino para un intercambio más sano de atención y apoyo.

La habilitación y el enquistamiento son hábitos que probablemente han tardado años en desarrollarse, y no desaparecerán de la noche a la mañana. La paciencia consigo mismo y con los demás durante esta transición es clave. Habrá contratiempos y habrá triunfos; ambos forman parte del proceso. Puede provenir de amigos, de un terapeuta, de grupos de apoyo o de libros; cualquier cosa que valide sus experiencias y refuerce su determinación. Saber que no está solo en estas luchas es un bálsamo para el alma a medida que se embarca en este viaje de cambio.

Salir de las sombras

Para reiterar, aunque la habilitación y el enredamiento a menudo pueden provenir de un lugar de amor, el resultado suele ser contraproducente. Reconocer y abordar estos comportamientos es un paso valiente y necesario hacia el cultivo de una relación en la que ambas partes puedan prosperar de forma independiente y conjunta, respetando y celebrando la autonomía y singularidad de cada uno.

En momentos de duda, recuerde que las relaciones más saludables son aquellas en las que todos los implicados pueden valerse por sí mismos, pero eligen permanecer juntos. Se trata de encontrar un equilibrio entre ser una pareja, un padre o un amigo que apoya y dejar que las personas a las que cuidas tengan sus propias experiencias, cometan sus propios errores y vivan sus propias vidas. Tu poder no reside en lo mucho que puedes cargar por los demás, sino en lo mucho que puedes darles para que lo hagan por sí mismos.

Límites y problemas de control puede ser un tema fundamental a la hora de examinar las relaciones codependientes. Navegar por el delicado equilibrio entre el apoyo y la autonomía es un arte lleno de matices, que puede parecer como caminar por la cuerda floja para aquellos de nosotros entrelazados en la dinámica de la codependencia.

Considere la esencia de los límites: son los límites que establecemos sobre lo que consideramos un comportamiento aceptable de los demás y de nosotros mismos. Para quienes están arraigados en patrones codependientes, establecer estos límites puede ser tan desalentador como hablar un idioma extranjero por primera vez. Es algo desconocido, incómodo y, francamente, aterrador. La sola idea de decir "no" o de hacer valer las propias necesidades puede provocar ansiedad y culpabilidad, un testimonio de los cables cruzados en el entramado emocional de cada uno.

Entonces entra en juego el control, un concepto que, en las relaciones codependientes, a menudo se disfraza de cuidado. Es tentador decirnos a nosotros mismos que sólo estamos cuidando de la otra persona, pero seamos realistas; a veces, lo que realmente estamos haciendo es intentar crear una sensación de previsibilidad y seguridad para nosotros mismos. Debemos comprender que este tipo de control es como un espejismo. Nos da la ilusión de estabilidad mientras niega a la otra persona su autonomía y su sentido de sí mismo. En una situación de codependencia, los límites pueden ser casi inexistentes. Podemos encontrarnos contestando llamadas a cualquier hora, gastando dinero que no tenemos para aliviar la crisis de otra persona o dejando de lado continuamente nuestras prioridades. Esencialmente, nos convertimos en masilla humana, doblándonos y estirándonos para llenar cualquier hueco o grieta en la vida de la otra persona.

Esta falta de límites no sólo afecta a nuestras relaciones; puede filtrarse a toda nuestra existencia. El tiempo personal se convierte en una fantasía, el autocuidado en un concepto novedoso. Nos sentimos agotados y resentidos, pero paradójicamente tememos que nos abandonen si alguna vez damos un paso atrás y atendemos a nuestras necesidades.

Entonces, ¿cómo hemos perdido de vista nuestros propios límites? A menudo, se remonta a los mensajes que recibimos en la infancia sobre nuestra valía y la validez de nuestros sentimientos. Muchos de nosotros hemos interiorizado la creencia de que es egoísta dar prioridad a nuestros deseos o necesidades por encima de los demás. Aquí es donde el ciclo necesita ser desafiado y cambiado.

La construcción de límites comienza con la autoconciencia y la compasión. Reconocer que nuestras necesidades no sólo son válidas, sino esenciales para nuestro bienestar, es revolucionario para muchos de nosotros. Es como darnos permiso para existir fuera de los confines de las necesidades de otra persona.

El camino hacia unos límites saludables no es sencillo ni directo. Está plagado de momentos de culpa y retrocesos. Es brutalmente

Salir de las sombras

humano luchar de esta manera, pero también es valiente afrontar y persistir a través de estos desafíos.

Hablemos del control, que, en este contexto, a menudo está alimentado por el miedo. El miedo a que, si no gestionamos todas las variables, se produzca el caos. Sin embargo, la amarga realidad es que el control es un recurso finito—uno que a menudo agotamos a costa de nuestra paz. Renunciar a la ilusión de control no es un signo de debilidad, sino un poderoso reconocimiento de la realidad.

Parte de soltar el control implica reconocer y aceptar la capacidad de autodeterminación de la otra persona. Esto puede parecer una apuesta arriesgada. Sin embargo, es esencial reconocer que la codependencia a menudo surge cuando asumimos la responsabilidad de las emociones o decisiones de otra persona, lo que conduce a un enredo poco saludable.

Las dificultades para ceder el control también pueden provenir de un sentido de la responsabilidad demasiado desarrollado. Hemos sido los cuidadores, los que arreglan las cosas, durante tanto tiempo que abandonar este papel parece inconcebible. Pero esta es la verdad: hacerse a un lado no es renunciar a alguien; es darle espacio para crecer y espacio para respirar.

Establecer y mantener límites es una habilidad que se fortalece con la práctica. Empieza con pequeños pasos, como no responder inmediatamente a un mensaje de texto o rechazar una invitación sin ofrecer una justificación elaborada. Cada acto de establecimiento de límites es una victoria, una recuperación de uno mismo.

Para aquellos de nosotros que hemos vivido en las turbias aguas de la codependencia durante años, construir límites puede parecer como trazar líneas en cemento húmedo. La presión para suavizar las líneas es persistente, pero debemos mantenernos firmes. Nuestra capacidad de prosperar depende de ello.

La danza entre los límites y el control es compleja, pero es importante recordar que este proceso no trata de la perfección. Se trata de crecer, de tener valor y de construir poco a poco una vida que honre nuestra valía y la de los demás. Celebra cada paso adelante y sé amable con los tropiezos. El progreso no es lineal, y cada día ofrece una nueva oportunidad para reafirmar tu compromiso con unas relaciones más sanas y equilibradas.

Así que, al terminar esta conversación, respiremos hondo y recordemos que nuestros límites pueden ser porosos, pero no tan permeables como para perdernos a nosotros mismos en el proceso. El control puede recalibrarse, no como un mecanismo de restricción, sino como una herramienta consciente de autogobierno. Dejémonos llevar por la incomodidad y descubramos la potencia de vivir con límites que nos sirvan y relaciones que nos enriquezcan pero que no nos definan.

Los límites no son un mecanismo de control, sino una herramienta consciente de autogobierno.

Capítulo 5:
El yo codependiente

Saliendo de la crisálida de nuestras historias entrelazadas y nuestra constitución psicológica, llegamos al meollo de la cuestión: el yo codependiente. Nuestro sentido de la identidad, a menudo oscurecido por la niebla de las necesidades y los juicios de los demás, puede convertirse en un enigma que estamos resolviendo perpetuamente. Puede que nos encontremos cosiendo desesperadamente fragmentos de validación sólo para sentir una apariencia de autoestima, olvidando que nuestra esencia no es un mosaico que el mundo exterior deba valorar. Lo que está en juego es algo más que la aceptación; es el reconocimiento silencioso de nuestro valor inherente, impasible ante las mareas de la aprobación. Y es aquí, en estas páginas, donde empezamos a desentrañar suavemente la necesidad de validación que nos ata, dejando espacio para un yo auténtico, que no vacila con los caprichos cambiantes de quienes nos rodean. Al reconocer nuestra valía, al margen de los estribillos prestados de la validación, sentamos las bases para una transformación que resuena desde dentro hacia fuera, fomentando una relación más sana no sólo con los demás, sino, lo que es más importante, con nosotros mismos.

La vida no es sólo un juego de niños.

La autoestima y la identidad se ven profundamente afectadas en la danza de la codependencia. Imagínese las delicadas raíces de una planta, entrelazándose tan estrechamente con las de otra que parecen fundirse. Esto es a menudo lo que le ocurre a nuestro sentido del yo cuando nos vemos atrapados en la dinámica de la codependencia. Podemos perder de vista dónde terminamos nosotros y dónde empieza el otro, y con este límite borroso, nuestra autoestima se vuelve inextricablemente ligada a la otra persona.

Para aquellos que luchan con la codependencia, la autoestima puede no sentirse como un manantial interno que se repone de forma natural. Más bien puede parecer un depósito que depende de fuentes externas para llenarse. El valor de uno mismo puede depender de que se le necesite, de ser el que cuida, el que arregla las cosas o el que se sacrifica. Sin embargo, este es un terreno inestable sobre el que caminar, ya que el sentido del valor está siempre a merced de las necesidades y opiniones de otra persona.

Tu identidad, en esencia, es lo que crees que eres, las características y creencias que consideras que te definen. Sin embargo, dentro de un marco codependiente, la identidad puede parecer un camaleón, siempre cambiante para adaptarse al entorno y a las necesidades de aquellos a los que intentas apoyar o complacer. Si no se controla, este mecanismo de adaptación, aunque es un testimonio de la resistencia humana, puede hacer que uno se sienta vacío y confuso sobre su verdadero yo.

La danza de la codependencia suele comenzar pronto, a veces en la infancia, donde se siembra la semilla de "sólo soy valioso cuando ayudo". Esta ideología puede arraigar firmemente en el suelo fértil de una mente joven e impresionable. A medida que uno crece, el entrelazamiento de la autoestima con el bienestar de los demás se convierte en una segunda naturaleza, a menudo en detrimento del bienestar personal.

Hablemos del espejo que tenemos ante nosotros mismos. En las relaciones codependientes, este espejo suele estar empañado y no refleja nuestro verdadero yo, sino una imagen distorsionada, moldeada por las necesidades y los deseos de los demás. Aprender a limpiar este espejo es un paso esencial para recuperar la autoestima y la identidad. Implica mirar más allá de la niebla para vislumbrar quién eres realmente, independientemente de tus relaciones.

Una exploración de la autoestima en la codependencia está incompleta sin discutir el impacto de la crítica y el peso del perfeccionismo. Cuando se es codependiente, la crítica puede ser más profunda, no sólo como un comentario sobre el comportamiento, sino como una acusación sobre el propio ser. La búsqueda de la perfección se convierte en un medio para proteger esa frágil sensación de autoestima, pero la perfección es un espejismo inalcanzable que nos deja en un perpetuo estado de inadecuación.

Entonces, ¿por dónde se empieza a desenredar esta telaraña? Empieza reconociendo tu valor intrínseco, comprendiendo que tu valía no es una variable que dependa de la aprobación o el estado de ánimo de los demás. Se trata de cultivar un santuario interior donde puedas retirarte, reflexionar y reconectar contigo mismo.

Crear un nuevo diálogo contigo mismo es como plantar un jardín donde pueda crecer la autoestima. Implica alimentar pensamientos que valoren tu bienestar tanto como tú valoras el bienestar de los demás. Se trata de repetir afirmaciones que resuenen con tu yo interior, no con los papeles que interpretas para los demás.

Otra vía para recuperar tu autoestima es a través del establecimiento de límites, una habilidad fundamental a menudo subdesarrollada en el repertorio codependiente. Los límites son las líneas que definen dónde terminas tú y dónde empiezan los demás; son las declaraciones definitivas de autoestima y un reconocimiento de tu valor como individuo.

El autodescubrimiento es un viaje que puede ponerte cara a cara con verdades ocultas sobre tu carácter, verdades que no están definidas por la narrativa de otra persona. Implica emprender actividades y búsquedas que se correspondan con lo que eres y con lo que aspiras a ser. Esta exploración es un acto de reivindicación, un camino hacia la comprensión de que tu identidad es un tapiz único tejido con hilos de tus experiencias, elecciones y sueños.

No pasemos por alto la importancia de la autocompasión en este viaje. Ser amable con uno mismo en los momentos en que los viejos patrones de codependencia asoman la cabeza es fundamental. La autocompasión ofrece un amortiguador, un lugar suave para aterrizar mientras navega a través del proceso de desenredar la autoestima de los roles que ha desempeñado.

Además, la identidad es más que atributos o roles individuales; también es cultural, social y comunitaria. A medida que redefinas tu identidad y valor, recuerda encontrar una comunidad y conexiones que honren tu auténtico yo, libre de patrones codependientes. Busca espacios y relaciones que reflejen tu valor sin condiciones ni contingencias.

Sanar de la codependencia no significa que ya no puedas ser cariñoso o solidario— significa aprender a hacerlo sin sacrificar tu autoestima e identidad en el proceso. Se trata de encontrar el equilibrio, en el que dar y recibir no son sólo acciones, sino un intercambio armonizado que nutre a ambas partes por igual.

Al forjar un sentido sólido de uno mismo, a menudo disminuye la necesidad de agradar. Surge al reconocer que tu valía no está ligada a lo mucho que puedes hacer por los demás, sino a las cualidades inherentes a ti mismo. Afirmar esta verdad puede ser a la vez aterrador y liberador, pero es un hito crucial en el camino hacia la recuperación de la codependencia.

Por último, pero no por ello menos importante, recuerde: no está solo. Muchos han recorrido este camino antes que tú, enfrentándose a las sombras y emergiendo a una comprensión más soleada de su valor e identidad. Confíe en el proceso, apóyese en sus sistemas de apoyo y sepa que cada paso hacia la autoconciencia y la autonomía es una victoria que hay que celebrar.

La necesidad de aprobación y validación

A través de las páginas de nuestras experiencias vitales, a menudo encontramos hilos íntimos que vinculan nuestra autoestima a la aceptación y la afirmación de los demás. Es una necesidad potente, la necesidad de aprobación y validación— ya sea susurrada suavemente o declarada en voz alta, su presencia se siente a través de las muchas capas de nuestras interacciones con el mundo, especialmente para aquellos que navegan por las complejidades de la codependencia.

En este viaje en busca de profundidad y comprensión, echemos un vistazo más de cerca a por qué la aprobación de los que nos rodean, en particular nuestros seres queridos, se convierte en la sala de eco donde resuena nuestra autoestima. En las tiernas grietas de nuestros recuerdos, muchos de nosotros encontraremos ese momento en el que un gesto de aprobación se sintió como una manta cálida en una noche de escalofríos. Aunque la búsqueda de validación es un anhelo humano, para el corazón codependiente significa mucho más: es tanto el mapa como el destino.

Imagínese en una sala llena de gente, con los ojos recorriendo la multitud en busca de esa mirada de afirmación, ese gesto que dice: "Eres valioso". Poner tu sentido del valor en manos de otros. La codependencia teje esta necesidad profundamente en el sentido de uno mismo, donde la apatía o la desaprobación de los demás no sólo escuece, sino que también puede sentirse como un fracaso personal o inadecuación.

Bajo el peso de la codependencia, la búsqueda de validación puede sentirse como un maratón implacable— alimentando comportamientos donde uno se dobla y se retuerce para encajar en el molde que solicitará la mayor cantidad de elogios o el menor conflicto. Pero, ¿por qué importa esto? Porque la necesidad de aprobación tiene poder, del tipo que puede dar forma a las decisiones y moldear una vida.

Puede que quienes caminan por la senda de la codependencia no se den cuenta de cómo esta búsqueda de validación externa desplaza las voces interiores que buscan autenticidad. En el fondo, esta necesidad suele tener su origen en experiencias y condicionamientos de la primera infancia. Tal vez fue un tutor cuyo amor se sentía condicionado, o momentos en los que destacar invocaba la crítica, lo que llevó a la lección: "Ser amado es agradar."

Y luego está el reflejo en el espejo de la sociedad'imágenes y expectativas que deletrean lo que es digno de admiración y lo que no lo es. Viviendo en un mundo así, uno puede sentir que la receta para una existencia feliz se compone de un brebaje elaborado a partir de la validación de los demás. El peligro aquí es pasar por alto el hecho de que la auténtica autoestima es de cosecha propia, no importada.

Permítanme pintar un cuadro con trazos más amplios. Imagina un día en el que los cumplidos no dicten tu estado de ánimo, en el que los susurros de desaprobación, aunque se oigan, no apaguen tu luz interior. Esto no quiere decir que nos convirtamos en islas, inmunes e indiferentes a las opiniones de los demás, sino que evitamos que se conviertan en los artífices de nuestra autoestima.

En el mosaico de la codependencia, la necesidad de aprobación es una de las baldosas más brillantes y a la vez más tenues. Brilla con la esperanza de la conexión y la aceptación, al tiempo que amenaza con fragmentarse bajo la presión de los juicios externos. La realidad es que los seres humanos no siempre proporcionan la firme consistencia necesaria para unos cimientos tan frágiles.

Salir de las sombras

Reflexiona sobre los momentos en los que la validación se convierte en el sustento del que te mueres de hambre— cómo inclina la balanza del poder en las relaciones, concediendo a menudo a la otra persona una autoridad inadvertida sobre tus emociones. Cuando confundimos el amor y la valía con la afirmación, renunciamos al poder de definir nuestra propia valía.

Pero hay esperanza, que brilla en el horizonte, para aquellos que están enredados en la necesidad de afirmación externa. Surge de la comprensión de que la aprobación es una percha precaria para la autoestima, que nuestra brújula interior puede guiarnos a un lugar donde la validación es un eco, no una voz. Se trata de encontrar un equilibrio en el que las opiniones de los demás nos informen, incluso nos enriquezcan, pero no dicten nuestra imagen de nosotros mismos.

Para cambiar el paradigma, practicar la autovalidación se convierte en un acto revolucionario. Cuando reconocemos nuestros sentimientos, validamos nuestras propias experiencias y aceptamos nuestro camino único, construimos gradualmente un pozo de autoconfianza que no se agota con los caprichos de los demás. Podemos aprender a asentir en reconocimiento de nuestro progreso y ser los primeros en aplaudir nuestros esfuerzos con auténtico orgullo.

Unir la autovalidación con los valores y logros personales conduce a una autoestima más fuerte y resistente. No se trata de una transformación de la noche a la mañana, sino de un proceso similar al de cultivar un jardín, en el que debemos eliminar las viejas creencias sobre la valía y plantar semillas que prosperen con un valor intrínseco.

Para muchas personas acosadas por el espectro de la codependencia, romper el ciclo de depender de la validación externa es un profundo paso hacia la liberación. Inicia un viaje hacia la autosuficiencia, en el que tu propia validación se convierte en tu consejo más fiable.

Para cerrar este capítulo sobre la búsqueda de aprobación y validación, reconoce esto: tú eres el escultor de tu valía. El cincel y la piedra de tu autoestima están en tus manos, listos para que tú y sólo tú les des forma. A medida que avanzamos, acunando el amanecer de una nueva comprensión, llevemos este conocimiento como escudo y como faro— hay una fuerza extraordinaria en la validación que florece desde el interior.

Capítulo 6:
Adicción y Codependencia

Retirar la cortina de la intrincada danza entre la adicción y la codependencia puede ser una revelación que ponga a tu alma en el camino de la curación. Imagina una telaraña en la que cada hebra representa las complejidades del cuidado codependiente intrincadamente entretejido con la pegajosidad de la adicción. No es sólo una lucha; es un tira y afloja incesante entre la necesidad de salvar a tus seres queridos y el susurro silencioso de tu propia valía pidiendo atención. Este capítulo no trata únicamente de la sombra premonitoria del abuso de sustancias, sino que más bien es el lugar en el que levantamos un espejo para ver cómo los patrones de codependencia desdibujan las líneas entre ayudar y obstaculizar. Aquí, no sólo estamos abriendo los ojos al problema; estamos abrazando el paso tembloroso y estimulante hacia la comprensión de lo profundamente interconectadas que están estas batallas. Y está bien tener miedo mientras navegamos por este tema— reconocer la pesadez del corazón que viene con el territorio— porque reconociendo este caos entrelazado es donde comienza la transformación. Así que, caminemos juntos a través de esto, abiertos a aprender cómo el amor, cuando está mal dirigido, puede alimentar las llamas de la adicción, y lo más importante, cómo recuperar tu sentido de ti mismo puede apagar estos incendios con una nueva fuerza.

Navegar el Abuso de Sustancias dentro del contexto de la codependencia es un camino sinuoso, lleno de curvas cerradas y pendientes resbaladizas. Es un viaje en el que a menudo sentimos que la niebla es demasiado espesa para ver el camino a seguir. Aquellos envueltos en este aspecto particular de la codependencia pueden sentir un abrumador sentido de responsabilidad por el bienestar del usuario de sustancias, sus elecciones, y a veces incluso su propia supervivencia.

En algunos casos, puedes encontrar que tu identidad se entrelaza tanto con la del abusador de sustancias que comienza a definirte. Esto no se trata de una falta de amor o cuidado, sino mas bien de entender que el amor y el cuidado a veces pueden transformarse en comportamientos que obstaculizan, en lugar de ayudar, el proceso de recuperacion.

Hablemos de las complejidades de tratar de apoyar a alguien con un problema de abuso de sustancias sin caer en la trampa de la codependencia. Es como caminar por la cuerda floja—quieres estar ahí, apoyar, pero no a costa de perderte a ti mismo o permitir el comportamiento adictivo. Uno de los primeros pasos es reconocer lo que puedes y lo que no puedes controlar. Por mucho que lo desees, no puedes controlar la adicción de otra persona. Es una píldora difícil de tragar, ¿verdad?

Entonces, ¿cómo puedes estar al lado de alguien en este terreno rocoso? Bueno, establecer límites es un buen comienzo. Estos límites no consisten sólo en decir no, también consisten en decir sí—a tu propia salud, tu propio bienestar y tu propia tranquilidad. Es decirse a sí mismo que puede ofrecer apoyo, pero no hasta el punto de verse arrastrado al caos de la adicción.

Los límites pueden parecer líneas en la arena que pueden borrarse fácilmente, especialmente cuando entran en juego la culpa, el miedo o la manipulación. Pero los límites son, de hecho, actos de amor propio. Son declaraciones de lo que quieres y no quieres que afecte a tu vida. Desarrollarlos requiere introspección, fortaleza y, a menudo, orientación. Puede parecer que le hace un flaco favor a su ser querido, pero por el bien de ambos, es crucial.

Además de los límites, es igualmente importante cultivar un sistema de apoyo. No sólo para la persona que lucha contra el abuso de sustancias, sino también para usted. Participe en grupos de apoyo, busque terapia, conéctese con amigos que lo entiendan y aproveche los recursos que mejoren su comprensión de la adicción y la codependencia.

Recuerde, apoyar no significa salvar. Puede que sientas que tienes que ser el héroe en esta historia, pero el verdadero valor a menudo reside en dar un paso atrás. Permitir que la persona que te importa afronte las consecuencias de sus actos puede ser el empujón que necesita para buscar ayuda. El desapego, en este sentido, no consiste en abandonar a la persona, sino en quererla dando prioridad a tu propia salud y felicidad. El conocimiento puede ser un faro de luz en la oscuridad de la adicción. Cuando sabes a qué te enfrentas, puedes abordar la situación con más confianza y claridad. También se trata de entender la delgada línea que separa el apoyo de la codependencia, y la educación es la herramienta que te ayuda a caminar por esa línea con gracia.

El autocuidado es tu chaleco salvavidas en el tormentoso mar del abuso de sustancias. Participa en actividades que te nutran mental, física y espiritualmente. Esto no es egoísmo—es crucial. Te permite mantener una reserva de fuerza a la que recurrir cuando todo lo demás se siente agotado. El yoga, la meditación, escribir un diario o incluso un simple paseo pueden ser tus rituales de autocuidado que te anclen.

También es esencial que seas honesto contigo mismo acerca de por qué podrías gravitar hacia alguien con una adicción. ¿Buscas que te necesiten? ¿Estás intentando reparar una herida del pasado a través de ellos? Sanar sus heridas es un viaje en el que debe embarcarse para evitar buscar o perpetuar dinámicas codependientes.

Las habilidades de comunicación son fundamentales en este viaje. Las conversaciones sobre el abuso de sustancias deben manejarse con cuidado y, a menudo, con la orientación de un profesional. El objetivo es transmitir sus sentimientos y establecer sus límites sin llegar a la confrontación. Recuerde, no es un debate—es un diálogo en el que el respeto y el amor deben ser los principios rectores.

¿Y si ocurre lo peor? ¿Qué pasa si haces todo 'bien', y aún así, el ciclo de abuso de sustancias continúa? Recuerda, esto no es un reflejo de tu valía o de tu esfuerzo. No eres el autor de su historia—sólo de la tuya. Tendrá que practicar el autoperdón por los pasos en falso que pueda dar y reconocer que está haciendo lo mejor que puede.

¿Qué significa apoyar sin permitir? Es fomentar el tratamiento, pero no forzarlo. Es proporcionar recursos, no rescatar. La distinción puede parecer matizada, pero se encuentra en esas decisiones diarias que honran tanto la autonomía de su ser querido como su propia necesidad de autopreservación.

Por último, es importante reconocer que este es un viaje de curación y crecimiento tanto para usted como para su ser querido. Hay luz incluso en los lugares más oscuros, y la fuerza puede surgir de los momentos más difíciles. Puede que su viaje no sea sencillo, pero es un testimonio de la resistencia del espíritu humano. Confía en esa resistencia, y confía en la posibilidad de cambio para ti y la persona que te importa.

Para concluir esta sección, navegar el abuso de sustancias dentro de una dinámica codependiente no es un camino fácil, pero es uno que está pavimentado con oportunidades para un profundo crecimiento personal. Al poner en práctica estos principios, estarás dando pasos importantes hacia una vida más sana y equilibrada, no sólo para ti, sino también para la persona que lucha contra la adicción. Respeta tu viaje, honra tus luchas y nunca pierdas la fe en que cada paso que das es un paso hacia un futuro más fortalecedor.

Salir de las sombras

El Cuidador Codependiente encarna una faceta única y a menudo tácita de la codependencia. En un ballet de sacrificio y abandono de las propias necesidades, muchas personas con rasgos codependientes desempeñan este papel de cuidador con una diligencia silenciosa y decidida. El cuidador codependiente a menudo pasa por alto sus propias necesidades para atender a un ser querido, especialmente a uno que lucha contra la adicción.

En esta sincera indagación en la vida del cuidador codependiente, es vital desenmascarar la realidad que se esconde tras la implacable búsqueda del cuidado. Bajo la apariencia de un curandero compasivo, encontramos a alguien que, sin darse cuenta, permite—y a veces alimenta—el ciclo de la adicción. Dan incansablemente, a menudo derivando su sentido de valor del acto de dar, a veces en su propio detrimento.

Necesitamos entender cómo las acciones de un cuidador, aunque aparentemente benignas o incluso nobles, pueden perpetuar la dependencia de un ser querido. Es un tema delicado, salpicado de advertencias y sensibilidades. No estamos diciendo que cuidar sea intrínsecamente malo, ni mucho menos. Pero existe una línea fina y compleja entre apoyar y permitir, entre ayudar y sofocar, entre cuidar y controlar.

¿Qué es lo que mueve al cuidador codependiente? Con bastante frecuencia, se trata de un sentido de la responsabilidad profundamente arraigado— a veces, exagerado. Se trata de una persona que se siente profundamente obligada a gestionar el caos que la adicción genera en un hogar. Hay un narrador interior que susurra constantemente: "Si no lo hago yo, ¿quién lo hará?". Y así, el ciclo continúa, el cuidador vierte más de sí mismo en un pozo aparentemente sin fondo.

Mire detrás de la cortina del cuidado, y puede detectar una sombra de miedo. Miedo al abandono, miedo al conflicto, miedo al cambio. Constantemente al servicio de otro, el cuidador codependiente a menudo teme inconscientemente que dar un paso atrás supondrá perder el vínculo del que dependen tan profundamente... incluso cuando es un vínculo que produce más dolor que alegría. Admitámoslo, la adicción es desordenada, impredecible y aterradora. Por el contrario, la vida estructurada y sacrificada de un cuidador puede dar una sensación ilusoria de control. Es una triste ironía: en el esfuerzo por estabilizar la vida de un ser querido, los cuidadores codependientes a menudo sumergen la suya propia en un caos silencioso.

Y no pasemos por alto el martirio que a menudo se asocia con este papel. No se trata de buscar el aplauso por actos desinteresados; más bien, es una validación interna. "Soy bueno porque ayudo", dice la voz interior del cuidador codependiente, vinculando su intención a su identidad. ¿Y eso? Es una pendiente resbaladiza más grande que cualquier costa del Pacífico.

También hay que tener en cuenta los estragos que causa en la salud física de una persona. El estrés de gestionar la vida de otra persona, especialmente si está sumida en la adicción, es enorme. Aunque puedan parecer una fuente inagotable de cuidados y apoyo, las consecuencias físicas del estrés a largo plazo son innegables. Los problemas de salud a menudo pasan desapercibidos, hasta que el propio bienestar del cuidador se ve comprometido.

Emocionalmente, la carga es igual de pesada, si no más. La depresión, la ansiedad y el agotamiento acechan tras la estoica fachada del cuidador. Se necesita una gran fuerza interior para verter continuamente en la taza de otro mientras se deja secar la propia. Sin embargo, reconocer tales sentimientos puede parecer una traición para un cuidador profundamente comprometido con su papel. El mundo del cuidador puede estar tan entrelazado con el de su ser querido adicto que los límites se difuminan hasta el punto de no existir. En su afán por proporcionar cuidados, pueden encontrarse cruzando repetidamente las líneas que han trazado en la arena.

Pero la prestación de cuidados no tiene por qué ser una calle de sentido único. Si hacemos un poco de introspección, podemos ayudar a los cuidadores a retomar el camino de sus propias vidas. Comienza con el reconocimiento, un reconocimiento suave de que el cuidado ha pasado a la codependencia. Este valiente momento de claridad es el primer ladrillo blando en los cimientos del cambio.

Igualmente, el cambio de cuidador a individuo con una vida plenamente realizada implica desenredar emociones y pensamientos complejos. Se trata de desmantelar las expectativas autoimpuestas, la desilusión con el ciclo de la adicción y la culpa asociada a dar un paso atrás para centrarse en la propia vida. No es una tarea fácil, pero tampoco insuperable.

Un viaje transformador aguarda a aquellos cuidadores que estén dispuestos a embarcarse en él. Aprender el arte de establecer límites saludables, comprender la importancia del autocuidado y entender el verdadero significado del apoyo frente a la habilitación— todos estos capítulos esperan a ser escritos en la historia de sus vidas.

¿Y en cuanto al apoyo? Recuerde que ninguna persona es una isla y que ningún cuidador necesita navegar solo por estas aguas. Una red de amigos, familiares y profesionales puede rodearles; los grupos de apoyo y la terapia pueden ofrecer la orientación y la empatía que se merecen.

En este capítulo, hemos examinado la compleja naturaleza del cuidador codependiente. A medida que nos adentramos en los entresijos de la codependencia, espero que las páginas siguientes nos proporcionen tanto reflexiones como estrategias prácticas para abandonar el cuidado codependiente y acercarnos a una vida enriquecida por relaciones equilibradas y satisfactorias, con los demás y, lo que es más importante, con uno mismo.

Well-Being Publishing

La codependencia no es sólo un problema de salud mental.

Capítulo 7:
Mecanismos de afrontamiento y estrategias de supervivencia

En nuestro viaje para desentrañar las complejidades de la codependencia, hemos buceado profundamente en sus raíces y fundamentos psicológicos. Pero ahora vamos a explorar las estrategias valientes, a menudo invisibles, que ideamos para capear las tormentas emocionales: nuestros mecanismos de afrontamiento y estrategias de supervivencia. Aunque estas tácticas pueden protegernos del dolor inmediato, también pueden convertirse en hábitos reflexivos que nos atrapan en un tango de codependencia. Nos referimos al sutil arte de la evasión, que nos permite bailar alrededor de realidades angustiosas, y a la armadura de la negación, que utilizamos para evitar enfrentarnos a la cruda verdad. Tampoco podemos pasar por alto las formas en que nos mantenemos en tensión: reactividad e hipervigilancia, como si nos preparáramos para el próximo terremoto emocional. La cuestión es que, aunque estas tácticas de supervivencia pueden tener sentido en el momento, a menudo nos mantienen atrapados en patrones que no nos sirven a largo plazo. Desgranaremos estos comportamientos, entenderemos por qué son como botes salvavidas en aguas turbulentas, y exploraremos suavemente cómo podemos elegir nadar hacia la orilla de estrategias de afrontamiento más sanas y conscientes.

La vida es un juego de niños.

Evitación y negación Mientras navegamos por las complejidades de los mecanismos de afrontamiento y las estrategias de supervivencia dentro del paisaje de la codependencia, es esencial arrojar luz sobre los gemelos de la evasión: la evitación y la negación. Abordar de frente estas tácticas escurridizas nos permite descubrir capas de autoengaño que a menudo nos protegen del dolor palpitante de nuestras realidades. La evitación y la negación no son sólo sombras fugaces en nuestras vidas; son formidables guardianes de nuestras fortalezas emocionales, que nos impiden el vulnerable trabajo de la curación.

En el ámbito de la codependencia, evitar es eludir verdades incómodas. Es optar por ocuparnos de las necesidades y los problemas de los demás para no tener que enfrentarnos a los nuestros. Es todo un arte, en realidad—una coreografía inconsciente que nos mantiene perpetuamente en movimiento, para que la quietud no nos obligue a enfrentarnos a nuestra realidad. Probablemente lo haya visto o vivido: sumergirse en el trabajo, obsesionarse con la adicción de la pareja u obsesionarse con las decisiones de un ser querido mientras nuestro propio mundo interior se oscurece silenciosamente.

La negación, por otro lado, es el acuerdo silencioso que hacemos con nosotros mismos para rechazar nuestras verdades dolorosas. Es ese susurro en nuestra mente que insiste en que todo está bien cuando nuestros corazones están desconcertados por el caos de una existencia codependiente. Es la fuerza que nos permite vivir en el ojo de un huracán emocional, creyendo que no nos afecta la destrucción que se arremolina a nuestro alrededor. La negación puede ser tan sutil como ignorar nuestro agotamiento o tan flagrante como negarnos a reconocer los comportamientos destructivos de la pareja.

¿Por qué nos aferramos a la evitación y la negación con tanto fervor? A menudo tiene su origen en el miedo—el miedo a lo que podría salir a la superficie si dejáramos de huir o a lo que podría desmoronarse si admitiéramos el alcance total de la disfunción. Es más

Salir de las sombras

fácil eludir nuestro dolor que sentarnos con él, dejar que nos informe. Sin embargo, aunque pensemos que estamos protegiendo nuestros corazones, en realidad estamos cerrando las puertas al crecimiento y a la conexión genuina.

Considera la última vez que escuchaste una débil llamada a mirar hacia dentro, a evaluar la salud de tu relación contigo mismo y con los demás. ¿Qué tan rápido se alejó de ese susurro introspectivo, llenando el espacio con ruido y ocupaciones? Es una respuesta común, pero que sirve de barricada a nuestra propia evolución. Nuestro miedo, disfrazado de instinto de conservación, puede atraparnos en ciclos de codependencia tan estrechos que liberarnos parece una tarea hercúlea.

Pero no es insuperable. El camino para desenredarnos comienza con el reconocimiento. Sí, es incómodo, incluso aterrador, quitar las capas de negación que hacen que nuestro día a día sea manejable. Sin embargo, sin este paso valiente, simplemente estamos caminando en un laberinto de nuestra propia creación, sabiendo en el fondo que tenemos la llave, pero sintiéndonos demasiado abrumados para usarla.

El camino para salir del laberinto comienza con la compasión, compasión por las partes de nosotros mismos que aprendieron a sobrevivir a través de la evasión y la negación. No se trata de castigar, sino de comprender. Cuando podemos enfrentarnos suavemente a nuestras razones para escondernos, nos damos permiso para superar nuestro miedo e iniciar el proceso de curación.

A muchos de nosotros nos puede preocupar: "Si me enfrento a lo que he estado evitando, ¿me derrumbaré?". Es una preocupación válida, dado que nuestra evitación a menudo mantiene unido el delicado armazón de nuestra realidad. Pero aquí está el truco: a veces desmoronarse es el principio de la construcción de algo mucho más estable y auténtico. Abrazar nuestra ruptura puede ser, irónicamente, el pegamento que nos vuelva a unir sobre una base de verdad en lugar de ilusiones.

Al liberarnos de la negación, se nos regala claridad. La vida gira menos en torno a lo que intentamos evitar y más en torno a lo que decidimos aceptar. Sin embargo, esta metamorfosis requiere paciencia. Al despojarte de la negación, es posible que encuentres capas de ira, tristeza o dolor. Estas emociones llevan mucho tiempo esperando su turno para ser reconocidas y honradas.

La transformación no está exenta de dolor. Al igual que la muda, nos pide que nos despojemos de nuestra vieja piel para dar paso a un nuevo crecimiento. Esta muda puede desorientar— la piel de la evasión y la negación ha sido una segunda naturaleza. Sin embargo, es en este espacio de incomodidad donde nuestro verdadero yo puede brillar, sin la carga de la pesadez de pretender que todo está bien cuando no lo está.

Es fácil ponerse a la defensiva cuando se abordan los temas de la evitación y la negación. Cuando hemos construido fortalezas alrededor de nuestros corazones, cualquier mención de sus debilidades puede parecer un asedio. Por lo tanto, es esencial que seamos amables con nosotros mismos cuando desmantelemos esos muros. No los construimos de la noche a la mañana, y no se derrumbarán en un día. Es un proceso, y con cada pequeño acto de valentía, recuperamos una parte de nuestro auténtico yo.

Mientras atravesamos la densa niebla de nuestras propias evasiones, recordemos que al otro lado hay una claridad tan profunda que hace que el viaje merezca la pena. El camino para afrontar la evasión y la negación está empedrado de verdades, algunas duras, otras liberadoras, pero todas fundamentales para nuestro devenir. Al enfrentarnos a aquello de lo que hemos huido, encontramos aquello hacia lo que hemos estado huyendo: un yo libre, íntegro y curado.

Imagina una vida en la que la evitación y la negación ya no sean tus respuestas. Imagina la sensación de poder de enfrentarte a los retos sin rodeos, consciente de tu fuerza y resistencia. Esta visión no es sólo un sueño; es un destino alcanzable cuando nos comprometemos a enfrentarnos a nuestros miedos y a salir a la luz de la autoconciencia y la verdad.

Al cerrar este capítulo, recuerda que no es sólo un conjunto de páginas lo que estás pasando— es la vieja narrativa de tu vida. Estás entrando en una nueva historia, en la que la evasión y la negación ya no son los protagonistas. Este viaje es tuyo y el primer paso siempre es el reconocimiento. A partir de ahí, avanzamos hacia el cambio, una respiración, un momento, una verdad cada vez.

Reactividad e Hipervigilancia A medida que continuamos explorando la dinámica laberíntica de la codependencia, nos adentramos en un ámbito marcado por respuestas emocionales intensas y un estado de alerta elevado, comúnmente denominados reactividad e hipervigilancia. Este conjunto de reacciones puede provenir a menudo de una exposición prolongada a la incertidumbre, la negligencia o el abuso en la propia historia, lo que proyecta una larga silueta sobre las interacciones presentes y futuras. Nosotros, como seres humanos, estamos diseñados para detectar y responder a las amenazas, pero para alguien atrapado en la codependencia, este sistema puede estar en sobremarcha, sintiendo peligros donde puede no haber ninguno.

Imagina un momento en el que tu corazón se aceleró porque pensabas que alguien estaba molesto contigo, o tus músculos se tensaron preparándose para una discusión que nunca llegó. Este es el mecanismo de defensa primario del cuerpo, diseñado para proteger. Sin embargo, en el caso de las personas codependientes, este sistema de alarma suele estar a punto de sonar. La anticipación constante de un conflicto o el miedo al abandono pueden mantener a una persona perpetuamente ansiosa y tensa.

La hipervigilancia puede sentirse como un radar siempre zumbando, barriendo constantemente el paisaje emocional en busca de amenazas potenciales. Es una forma agotadora de vivir, siempre preparado para un impacto imaginario. Puede que te encuentres analizando en exceso las situaciones sociales, buscando significados ocultos en cada palabra o dudando de la sinceridad de las intenciones de la gente. Es una atalaya solitaria para el hombre, oteando el horizonte en busca de peligros que otros no ven.

¿Cómo se traduce este estado exacerbado en reactividad? Imagine un resorte enrollado, listo para soltarse al menor contacto. Ahora, aplique esa imagen a su estado emocional—cada crítica o desaire percibido puede desencadenar una ráfaga de mecanismos de defensa. La reactividad es una reacción instintiva e instantánea, una manifestación de la agitación interior que a menudo es desproporcionada en relación con la situación que se está viviendo.

En las conversaciones, se puede adoptar una postura defensiva incluso antes de que surja una amenaza real. Puede que te encuentres discutiendo con vehemencia, con el corazón palpitante, por algo que los demás podrían considerar intrascendente. ¿Por qué? Porque tu alarma interior se ha disparado y el cuerpo no diferencia entre un conflicto de alto riesgo y un desacuerdo de baja amenaza. La respuesta fisiológica es la misma: aumenta la adrenalina y disminuye la lógica.

El porqué de esta postura vigilante es significativo. A menudo tiene su origen en experiencias pasadas en las que había mucho en juego, en las que la imprevisibilidad dominaba el entorno. En el caso de las personas codependientes, esto puede deberse a una infancia en la que la incoherencia y las turbulencias emocionales eran la norma. Estos antecedentes pueden conducir a una vida adulta en la que la hipervigilancia se siente tan necesaria como respirar.

Pero aquí está el giro—la hipervigilancia, aunque es un intento de controlar y predecir, a menudo conduce a lo contrario. Puede hacer que las relaciones y las situaciones sean aún más impredecibles, ya que los demás pueden reaccionar a la intensa energía que se proyecta. De este modo, la hipervigilancia y la reactividad pueden convertirse en una profecía autocumplida, creando el mismo caos que uno espera evitar.

Aquí reside una paradoja—estos comportamientos que una vez fueron adaptativos, incluso protectores, en una crianza desordenada, son desadaptativos en vidas adultas estables. La reactividad puede alejar a la gente, que teme tus respuestas intensas, mientras que la hipervigilancia puede dejarte aislado en una fortaleza de tu propia construcción, siempre vigilado, nunca verdaderamente a gusto.

Liberarse de este ciclo comienza con la autoconciencia. Reconocer cuándo estás reaccionando desde un trauma pasado en lugar de desde la realidad presente puede ayudarte a reducir la intensidad. Se trata de anclarse en el aquí y ahora, evaluar las situaciones por lo que realmente son y permitirse el espacio para responder en lugar de reaccionar.

Las técnicas de atención plena pueden ser aliadas en esta batalla hacia el equilibrio. Te ayudan a permanecer anclado en el momento presente, atento a tus pensamientos y sentimientos sin dejarte arrastrar por ellos. Esto puede actuar como una válvula de presión, liberando parte de la tensión que se acumula en previsión de enfrentamientos imaginarios.

La terapia, también, puede proporcionar un espacio seguro para desentrañar estas respuestas automáticas. En presencia de un testigo compasivo, se pueden explorar los orígenes de la hipervigilancia y desarrollar estrategias para controlar la reactividad. Se trata de reprogramar el sistema de alarma, enseñándole a discernir entre las amenazas reales y los ecos de las antiguas.

Más allá del trabajo individual, establecer límites en las relaciones también puede ayudar a gestionar la hipervigilancia. Puede parecer contraintuitivo para una mente codependiente, pero establecer líneas claras de lo que es aceptable y lo que no lo es crea previsibilidad y seguridad— exactamente lo que la mente hipervigilante anhela.

Es importante entender la hipervigilancia y la reactividad como posibles signos de estrés postraumático, donde la terapia y posiblemente la intervención médica pueden ser necesarias. Nunca se debe recorrer este camino en solitario; los grupos de apoyo, los amigos, la familia y los profesionales de la salud pueden formar parte de un enfoque integral para la curación.

Por último, pero no por ello menos importante, la paciencia con uno mismo durante este proceso es esencial. La reconexión de patrones profundamente arraigados requiere tiempo y persistencia. Puedes vacilar, pero cada paso que das para conectarte a tierra, para elegir una respuesta reflexiva en lugar de una reacción refleja, te acerca a la vida tranquila y equilibrada que te mereces.

A medida que quitamos estas capas de reactividad e hipervigilancia, revelamos el poder de la acción intencionada. Empiezas a ver que, aunque los instintos codependientes perfeccionados durante años pueden impulsarte a prepararte para el impacto, tienes dentro de ti la fuerza para mantenerte erguido, tranquilo y conectado ante las imprevisiones de la vida. Ya no eres una hoja zarandeada por los vientos turbulentos de los caprichos de los demás, sino un árbol firmemente enraizado, que se dobla con resiliencia, no que se rompe.

La fuerza de la codependencia es la misma que la de la codependencia.

Capítulo 8:
El impacto de la tecnología en la codependencia

En esta era en la que nuestros teléfonos están prácticamente pegados a nuestras manos y las pantallas median nuestras experiencias, estamos descubriendo que la tecnología juega un papel complejo en los comportamientos codependientes. Es como tener una ventana al mundo siempre abierta, donde las líneas entre el apoyo y la obsesión se difuminan. Por un lado, las plataformas digitales pueden proporcionar un nivel incomparable de conexión y acceso a recursos... piense en las redes de apoyo y los grupos de recuperación al alcance de la mano, que ofrecen un sentimiento de comunidad incluso a distancia. Pero aquí está el problema: estas mismas redes también pueden enredarnos aún más en dinámicas de codependencia, ya que las redes sociales amplifican nuestra necesidad de validación externa y el zumbido siempre presente de las notificaciones nos hace caer de nuevo en comportamientos facilitadores. Maniobrar en este paisaje digital requiere ser consciente de cómo estas herramientas pueden obstaculizar y ayudar a superar la codependencia. En este capítulo, desentrañaremos cómo nuestras vidas digitales se entrecruzan con nuestras vidas emocionales, aprendiendo a aprovechar la tecnología como un peldaño en lugar de una muleta para recuperar nuestra independencia y formas más sanas de conectar.

Medios sociales y conexiones digitales En un mundo inundado por el resplandor de las pantallas, las redes sociales y las notificaciones digitales, es fundamental comprender la interacción entre la codependencia y el mundo digital. Las plataformas de las redes sociales están diseñadas para recompensarnos con una gratificación instantánea; un "me gusta" en tu última publicación puede sentirse como un cálido abrazo, un retweet o un compartir, una afirmación de tu posición. Pero, ¿dónde está el límite entre la conexión y el apego malsano en el ámbito digital?

Para quienes luchan con tendencias codependientes, las redes sociales pueden convertirse en un campo de minas donde la autoestima se supedita a la aprobación de los demás y los límites personales se difuminan por la constante disponibilidad de comunicación. La tentación de comprobar las actividades de la pareja en Internet puede pasar del interés casual a la vigilancia digital, socavando la confianza y la autonomía en la relación.

Es más, las imágenes que vemos pueden distorsionar nuestra percepción de la realidad, dando lugar a comparaciones que alimentan la inadecuación y alimentan el arraigado deseo de validación que experimentan muchas personas con rasgos codependientes. Ya no se trata sólo de ti y de tus conexiones; se trata de ti frente a todo un panorama digital que está siempre encendido y siempre juzgando.

Sin embargo, el mundo digital también ofrece oportunidades únicas de apoyo y crecimiento. Las comunidades y foros en línea pueden ofrecer un salvavidas a quienes se sienten aislados en su lucha contra la codependencia. Es una paradoja que no se puede ignorar—el mismo medio que exacerba tus desafíos también puede convertirse en una fuente de inmenso apoyo y conexión.

Recuerda, las redes sociales son una herramienta, y como cualquier herramienta, su impacto depende de cómo la utilicemos. Limitar la exposición puede ser saludable, sobre todo si te encuentras comprobando obsesivamente las actualizaciones o si las interacciones virtuales empiezan a sustituir a las relaciones en persona. Establecer

Salir de las sombras

horarios específicos para consultar las redes sociales y ceñirse a esos límites puede ser un punto de partida para mantener el equilibrio.

Cuando estés conectado digitalmente, presta atención a cómo te hacen sentir las diferentes interacciones. ¿Chatear con un amigo determinado te hace sentir apoyado o agotado? ¿Sigues cuentas que te empoderan o te hacen cuestionar tu autoestima? Ser consciente e intencionado con tu consumo digital puede marcar la diferencia a la hora de salvaguardar tu salud mental. ¿Es un deseo genuino de conectar o compartir alegría, o buscas validación? Si descubre que a menudo es esto último, puede que sea el momento de dar un paso atrás y reflexionar sobre esas motivaciones. Esta reflexión puede ser fundamental para desenredarse de la red de la codependencia.

Hablemos de los patrones de comunicación. En la era digital, tenemos la capacidad de elaborar y editar nuestras palabras a la perfección antes de enviar un mensaje. Para alguien con tendencias codependientes, esto puede ser tanto una ventaja como una desventaja. ¿La ventaja? Evitas conflictos seleccionando cuidadosamente las palabras. ¿El inconveniente? Puede dificultar la expresión auténtica y crear una fachada que sólo aumenta el peso de la codependencia.

La naturaleza rápida de las conversaciones digitales a menudo no nos deja tiempo para procesar nuestros pensamientos y sentimientos. En consecuencia, podemos reaccionar impulsivamente a los mensajes, lo que puede ser especialmente tenso para aquellos que luchan contra la codependencia. Aprender a tomarse un momento antes de responder, para comprender realmente sus sentimientos y hacer valer sus necesidades, puede ser transformador.

Recuerde, sin embargo, que las desintoxicaciones digitales no son la panacea para la codependencia. No se trata sólo de reducir el tiempo frente a la pantalla; se trata de entender por qué estás recurriendo a las conexiones digitales para satisfacer tus necesidades emocionales. A veces, la desconexión más difícil no es la del dispositivo, sino la de los patrones que nos llevan a recurrir a él en busca de nuestro sentido del yo.

Es importante mantener conversaciones sinceras sobre el papel que desempeña la tecnología en nuestras relaciones. Hable con sus seres queridos sobre cómo pueden apoyarse mutuamente para llevar una vida digital equilibrada. Esto puede ayudar a fomentar la comprensión y el respeto mutuos por el espacio y las necesidades de cada uno. Si hay niños o miembros más jóvenes de la familia en su órbita, sus prácticas en línea ofrecen un modelo para los suyos. Esfuérzate por mostrarles que, aunque las conexiones digitales forman parte de nuestro mundo, no tienen por qué controlarlo ni definir nuestra autoestima.

Reimaginar tu relación con las redes sociales y las plataformas digitales significa tomar el control de la narrativa. Celebra los momentos que decides no compartir tanto como los que sí. Atesora los logros silenciosos y los éxitos no compartidos. Son tan valiosos, si no más, que cualquier expresión digitalizada de valía.

Liberarse de los rasgos codependientes es un viaje, y navegar por tu vida digital es una parte importante del mismo. Acepta las herramientas que te proporcionan apoyo, pero reconoce los desencadenantes que exacerban los patrones poco saludables. Tu valor se extiende mucho más allá de la huella digital que dejas tras de ti; reconócelo y da un paso hacia un yo más sano y autónomo, tanto en línea como fuera de ella.

La codependencia es una forma de vida.

Apoyo y recuperación en línea no es sólo una comodidad contemporánea—es un salvavidas para muchos que navegan por las agitadas aguas de la codependencia. En la era de la sobrecarga de información, el faro de las comunidades estructuradas y de apoyo que se encuentran en línea puede ser un refugio para aquellos que buscan salvarse de la tormenta aislante de las relaciones codependientes.

Salir de las sombras

Hemos ido más allá de los primeros días de los foros de Internet y las salas de chat. Ahora existe una gran cantidad de recursos que funcionan las veinticuatro horas del día, accesibles con sólo pulsar un botón o una pantalla. Para las personas enredadas en la red de la codependencia, estas plataformas en línea ofrecen una sensación de anonimato y seguridad que a veces no se puede igualar en los encuentros cara a cara.

Los grupos de apoyo digitales, ya sea en las redes sociales, aplicaciones dedicadas o sitios web de la comunidad, pueden conectarle con compañeros que entienden sus luchas de primera mano. Estos grupos crean espacios en los que puedes compartir tu historia sin temor a ser juzgado. Y seamos sinceros, saber que hay otras personas que "lo entienden" es un consuelo que no debe subestimarse.

Además, han surgido programas de recuperación en línea para la codependencia, que proporcionan vías estructuradas para salir de los patrones codependientes. Estos pueden variar desde cursos autodidácticos llenos de contenido atractivo hasta opciones más interactivas, como seminarios web y talleres en directo a los que se puede asistir desde cualquier parte del mundo.

¿Qué pasa con la confidencialidad, te preguntarás? La mayoría de las comunidades de recuperación en línea son muy conscientes de la importancia de la privacidad. Muchas plataformas garantizan que tu viaje sea tan público o tan privado como necesites, poniendo siempre el control en tus manos. Esto le permite participar de una forma que le resulte segura, sin el temor generalizado a exponerse que podría frenarle en los espacios fuera de línea.

A veces, sólo se trata de la conexión inmediata— la capacidad de llegar en el momento en que se siente más vulnerable. Las líneas de ayuda virtuales o los servicios de chat atendidos por voluntarios o profesionales formados pueden ofrecer orientación y apoyo en momentos críticos. Estos servicios suelen estar disponibles 24 horas al día, 7 días a la semana, lo que garantiza que siempre haya alguien que escuche y anime, independientemente de la hora o el día.

El mundo de las aplicaciones es muy amplio, pero cuando se trata de abordar la codependencia, hay un repertorio cada vez mayor diseñado con la recuperación en mente. Estas pueden ir desde herramientas educativas que te ayudan a aprender más sobre la naturaleza de la codependencia, a herramientas de seguimiento que fomentan y documentan tu progreso, a aplicaciones de recordatorio que te animan a participar en comportamientos saludables a lo largo del día.

Luego está el aspecto narrativo. Los blogs y los ensayos personales abundan en Internet, dando una idea de los viajes de otras personas que están luchando o han luchado con dinámicas codependientes. Leer sobre el camino de otra persona a menudo puede iluminar el tuyo, ofreciéndote consuelo e inspiración.

Afrontémoslo, curarse de la codependencia no es un viaje lineal y, a veces, el terreno puede parecer abrumadoramente escabroso. Cuando uno se siente perdido, un podcast o una serie de vídeos bien elaborados pueden servir de brújula, ayudando a navegar a través de las complejas emociones y situaciones que surgen de las relaciones codependientes.

Sin embargo, aunque los beneficios son enormes, es importante ser perspicaz. Internet sigue siendo el Salvaje Oeste en muchos sentidos, y no todos los consejos son buenos consejos. Es fundamental evaluar la credibilidad de las fuentes que se consultan. Busque programas y grupos de apoyo dirigidos por profesionales certificados o con experiencia verificable en el tratamiento de la codependencia.

Las herramientas de recuperación en línea también pueden ofrecer una gran flexibilidad. Puede adaptar el uso de estas herramientas a su estilo de vida y preferencias personales. Ya sea participando en una sesión de chat a medianoche después de un largo día o escuchando un

Salir de las sombras

podcast esclarecedor durante su viaje matutino al trabajo, puede entretejer el apoyo en su vida como mejor le parezca.

Las plataformas en línea también ofrecen la oportunidad de retribuir. A medida que avances en tu viaje, puede que encuentres la fuerza en el apoyo a los demás. Muchas personas se sienten muy realizadas al convertirse en miembros activos de comunidades en línea, compartiendo experiencias, ofreciendo consejos o simplemente prestando un hombro virtual en el que apoyarse.

Tampoco hay que pasar por alto el potencial del apoyo profesional en línea. La teleterapia ha revolucionado el acceso a terapeutas y consejeros especializados en codependencia. Esto elimina las barreras geográficas a la hora de buscar ayuda y hace que las sesiones de terapia sean más llevaderas. Además, la comodidad de abrirse desde su propio espacio puede hacer que esas sesiones sean aún más productivas.

Recuerde, el apoyo en línea no es un sustituto de las interacciones en el mundo real, sino más bien un complemento. Al integrar los recursos en línea y fuera de línea, puede crear una sólida red de apoyo, adaptada a sus necesidades, que potencie su viaje en cada paso del camino.

Y, por último, celebre cada victoria, por pequeña que sea, y comparta sus éxitos con su comunidad en línea si se siente cómodo. Cada triunfo es un faro de esperanza, no sólo para ti, sino para otras personas que se encuentran en pleno proceso de recuperación y que pueden ver en tu historia un testimonio de la posibilidad de cambio. Iluminemos juntos el camino hacia adelante, un clic, una publicación, un mensaje a la vez.

Capítulo 9: Romper el ciclo

Hemos explorado los densos bosques de las raíces de la codependencia y ahora es el momento de dejar entrar la luz para iniciar el crecimiento en una nueva dirección. Tomar la decisión consciente de liberarse de los patrones codependientes no es sólo un paso; es un salto, un sprint transformador que comienza con el reconocimiento de las rutinas y los roles que nos mantienen atados a la rueda del cuidado perpetuo y la dependencia emocional. Se trata de asomarnos al corazón de nuestras interacciones y atrevernos a preguntar: "¿Esto me sirve realmente a mí o a la persona que quiero?". El viaje hacia el cambio no es un camino predefinido; no, es una danza, es arte; se trata de construir una vida en la que podamos confiar en nosotros mismos para estar solos y conectar con los demás de forma que nos nutra y no nos sacrifique. Se trata de salir de la sombra de las expectativas y adentrarnos en la luz del sol, donde podemos disfrutar de nuestra individualidad a la vez que respetamos el espacio que hay entre nosotros y los demás. Al embarcarnos en este viaje transformador, abracemos la sabiduría de que no sólo estamos rompiendo el ciclo, sino que estamos forjando uno nuevo que celebra la belleza de la interdependencia y la fuerza de un yo que conoce su valor.

Reconocer los patrones poco saludables puede ser un viaje que es a la vez iluminador y desconcertante. Es como encender la luz en una habitación por la que has navegado a oscuras durante años, sólo para

Salir de las sombras

ver el desorden que has estado pisando. La codependencia es engañosa. Nos envuelve como una enredadera, y revertir su crecimiento requiere paciencia, además de un buen ojo para detectar dónde se está arraigando. Por lo tanto, vamos a tener una charla honesta acerca de los patrones que nos hacen tropezar, enredan nuestro bienestar, y detienen nuestro progreso.

En primer lugar, vamos a hablar de la necesidad de ser necesitado—este es un grande para muchos. Puede parecer natural, incluso noble, volcarnos en la copa de los demás, dejando de lado nuestras propias necesidades. Sin embargo, esta tendencia a complacer a los demás está muy arraigada en la psique codependiente. No se trata tanto de altruismo como de un sistema interno de trueque: amor y validación a cambio de sacrificio. No se trata de una conexión genuina, sino de una transacción. Y puede llevarnos a una espiral de auto-descuido o resentimiento.

Ahora, considere la forma en que los límites—o la falta de ellos—juegan. En una dinámica codependiente, el concepto de "tuyo" y "mío" se desdibuja en un desorientador "nuestro". No en el sentido saludable de intimidad compartida, sino de una manera que no puede distinguir dónde acaba una persona y empieza la otra. Es una fusión que, aunque pueda disfrazarse de cercanía, en realidad asfixia la individualidad. Es un patrón de regalar partes de nosotros mismos hasta que el espejo ya no refleja lo que solíamos ser.

Otro patrón oculto a plena vista es la adicción al drama y al caos. Sí, la montaña rusa puede ser adictiva. Es el subidón de la reconciliación tras el bajón del conflicto lo que algunos codependientes se encuentran persiguiendo—sin rampa de salida aparente. El ansia de emoción puede enmascarar un miedo a la estabilidad que, para algunos, resulta incómodamente extraño. Sin embargo, en este constante estado de agitación, la paz sigue siendo difícil de alcanzar y la auténtica felicidad, un espejismo.

Hablemos también de martirio. Es una palabra dura, pero encapsula otro patrón malsano común en la codependencia: la glorificación del autosacrificio. La narrativa de ser el único que puede arreglar, salvar o ayudar a menudo lleva a ignorar nuestro propio dolor y agotamiento en un despliegue equivocado de fuerza y amor. Pero desgastarnos no es heroico, es perjudicial para nosotros mismos y, en última instancia, para aquellos a los que intentamos ayudar.

La hipervigilancia también es omnipresente, este estado continuo de alerta máxima, a menudo perfeccionado desde una edad temprana en entornos impredecibles. Pero más allá de la infancia, esta hipervigilancia se transforma en una anticipación ansiosa de necesidades o problemas. Estar siempre oteando el horizonte en busca de problemas que gestionar o estados de ánimo que mitigar significa no descansar nunca, no limitarse a ser. Es agotador, pero liberarse requiere reconocer lo arraigado que está este patrón.

La conexión es genial, ¿verdad? Pero, ¿qué pasa cuando se convierte en enredo? Es cuando la conectividad que anhelan los codependientes se convierte en un enredo malsano. La necesidad de asociación a cualquier precio puede llevar a priorizar una relación sobre la salud y los sueños personales. Es un patrón que susurra la mentira: "No eres suficiente por ti mismo", y la grita en un megáfono cada vez que los momentos de soledad se arrastran sobre nosotros.

Habilitar es un término que se utiliza a menudo, pero reconocerlo realmente en acción es complejo. Es rescatar continuamente, arreglar los desastres de los demás y proteger a los seres queridos de las consecuencias. Se trata de un patrón que parece bondadoso en la superficie, pero que en realidad sabotea el crecimiento de todos los implicados. ¿Y lo peor? A menudo es invisible hasta que estamos metidos hasta las rodillas en su lodazal, preguntándonos cómo hemos llegado hasta ahí.

Salir de las sombras

Control. Es escurridizo. Para algunos codependientes, el intento de controlar entornos, personas y resultados se convierte en algo natural. Es la ilusión de poder en la impotencia. A veces se confunde el control con la responsabilidad o la conciencia, pero en el fondo es una respuesta de miedo. Y es un patrón que puede romper la confianza y sofocar la autonomía genuina de los demás en nuestras vidas.

Mirando el camuflaje del cuidado, parece benévolo, pero es un patrón arraigado en el comportamiento codependiente. A menudo, se trata de nutrir a los demás hacia el bienestar, ignorando el hecho de que estamos asfixiando en lugar de ayudar. Es cuidar sin consentimiento, sin ver que el verdadero cuidado permite a los demás el espacio para viajar a través de sus propias luchas.

La negación es quizás uno de los patrones más insidiosos. Es la narrativa que nos decimos a nosotros mismos: "Todo está bien", cuando nuestro mundo interior está gritando. Es un patrón de desestimación de nuestras intuiciones y sentimientos viscerales. Si siempre negamos el estado de nuestras relaciones o nuestro bienestar, la verdad se esconde más en la sombra.

Por último, enfrentémonos a la culpa y la vergüenza, ese debilitante equipo que insiste en que nunca hacemos lo suficiente y que si las cosas se tuercen, seguramente es culpa nuestra. Este patrón malsano es el terreno en el que prospera la codependencia. La culpa nos impulsa a sobrecompensar, mientras que la vergüenza nos susurra que es porque somos fundamentalmente defectuosos. Es una red enmarañada, que requiere una mano suave pero decidida para desenredarla.

Cada uno de estos patrones tiene raíces que se aferran fuertemente, por lo que reconocerlos es sólo el primer paso, aunque crítico. Se trata de observar con compasión, no de juzgar. Se trata de comprender que estos patrones se desarrollaron como estrategias de afrontamiento y que pueden sustituirse por estrategias nuevas y más sanas. Recuerda que no estás solo en este viaje. Hay poder en un viaje compartido y en la curación colectiva.

Al trazar estos patrones poco saludables, no se trata de fijarse en ellos, sino de entenderlos—verlos como lo que son: señales que nos indican el trabajo que aún tenemos que hacer. Así que honremos nuestros progresos, por pequeños que parezcan. Cada patrón que reconocemos es una victoria, una prueba de nuestro creciente autoconocimiento y de nuestro compromiso de cultivar un yo más auténtico y autónomo.

Así que, con ese espíritu, vamos a prepararnos, es hora de sumergirnos en nuestros corazones y hábitos. Exploraremos un territorio que puede resultar incómodo, pero es en esa incomodidad donde reside el potencial del verdadero crecimiento. Cada patrón reconocido es como una cadena aflojada, un paso más cerca de la libertad. Y eso, amigos míos, es un viaje que merece la pena. *Adelante vamos.*

Pasos a seguir hacia el cambio "Tú puedes". Hemos oído estas palabras animarnos antes, pero cuando estamos hablando de deshacernos de comportamientos codependientes, adquieren una profundidad totalmente nueva. No se trata sólo de animar; es un conocimiento tranquilo que descansa en el corazón de este capítulo. Porque la verdad es que realmente tienes esto – tienes la perspicacia, el poder y las herramientas para dar un paso adelante en el viaje hacia el cambio.

Lo primero que hay que aceptar es la realidad de que el cambio requiere paciencia. Desaprender años, a veces generaciones, de codependencia no se arregla de la noche a la mañana. Es como desenredar un nudo maravillosamente complejo – requiere suave persistencia, atención y cuidado.

Salir de las sombras

Comience con la reflexión. Sé lo suficientemente valiente como para mirar al "tú" que ha estado bien bajo el peso de este nudo. ¿Cuáles son las hebras que lo componen? Podrían ser la necesidad de agradar, el miedo al rechazo o cualquier otra hebra que hayamos explorado. Ahora, reconozca que para desatar este nudo, primero debe reconocer cada parte del mismo.

A medida que comienza a desenredar, establezca metas pequeñas y manejables. Piensa en pasos de bebé en lugar de saltos y saltos. Hoy podría fijarse el objetivo de expresar un deseo o una necesidad que normalmente reprimiría. Mañana puede que decida pasar tiempo a solas, sintiéndose cómodo con su propia compañía. Reclame estos pasos, por pequeños que parezcan.

Abrace el logro de cada objetivo a lo largo del camino. Cada uno es un bloque de construcción esencial en la creación de un patrón nuevo y más saludable que se encuentra en el brillante contraste con los viejos y sombríos caminos de la codependencia. Cuanto más practique estos nuevos comportamientos, más familiares y cómodos le resultarán.

La educación sienta unas bases sólidas. Sumérgete profundamente en libros, podcasts y artículos sobre codependencia. Este conocimiento alimenta no sólo su mente sino también su alma, haciéndole saber que sus experiencias son compartidas, comprendidas y, lo más importante, superables.

Busque un equipo de apoyo. Puede tratarse de un amigo de confianza que comprenda tu viaje, un terapeuta que te guíe con mano experta o compañeros de viaje en el camino hacia la recuperación en un grupo de apoyo. Su aliento es un faro que te guía cuando el mar del cambio se pone agitado.

En tu caja de herramientas, pon un diario. La escritura es un puente entre el remolino de emociones interior y la realidad tangible exterior. Dedica un tiempo cada día a escribir, a poner nombre a los sentimientos, a reconocer los patrones y a celebrar las pequeñas victorias. Esta práctica puede anclarte a través de las turbulencias.

Practica la autocompasión. A medida que se aleja de la órbita de la codependencia, habrá errores. En esos momentos, no te enfrentes a ti mismo con ira o decepción, sino con amabilidad. Recuerde, la curación no es un viaje lineal; está perfectamente bien ser perfectamente imperfecto.

Dar un paso atrás cuando lo necesite es vital. Reconoce cuándo te sientes abrumado y date permiso para descansar. El agotamiento no acelerará tu crecimiento; el cuidado de tu salud mental sí lo hará.

Respira. Literalmente. El poder de la respiración concentrada es profundo. Puede calmar una mente ansiosa y aliviar un espíritu dolorido. Recurra a esta herramienta sencilla pero increíblemente poderosa cada vez que sienta que los viejos patrones vuelven a aparecer.

Comprométase a ser constante. Sí, esto puede significar el establecimiento de rutinas que a veces se sienten rígidas o poco espontáneas, pero en la rigidez, hay seguridad. Un enfoque estructurado de tus días puede servir de andamiaje a los cambios que estás haciendo, manteniéndolos firmes hasta que puedan valerse por sí mismos.

Redefine lo que es el éxito para ti. No a través de los ojos de alguien a quien te guste complacer, sino a través de tu propia visión, recién aclarada. Esto puede ser tan sencillo como decir no cuando quieres decir no o reservar una noche sólo para ti.

Recurre a la creatividad. Ya sea pintando, bailando, escribiendo o cocinando, la expresión creativa da voz a partes de ti que podrían haber sido silenciadas a la sombra de la codependencia. Deja que esas partes canten, griten o murmuren. Deja que vivan.

Por último, pero no por ello menos importante, reconoce que el camino del cambio es único para cada persona. Tu viaje será diferente

Salir de las sombras

al de los demás, y eso está más que bien; es perfecto para ti. Confía en el proceso, déjate llevar por las idas y venidas y mantén la fe en el amanecer de un yo autosuficiente y empoderado.

Capítulo 10:
Sanar desde dentro

A medida que empezamos a pelar las capas de nuestros comportamientos codependientes, queda claro que la verdadera sanación reside en atender nuestras heridas internas. Es un viaje íntimamente personal que puede llevarnos a aguas tranquilas o arrastrarnos a través de rápidos turbulentos—sin embargo, es abrazando este flujo y reflujo como descubrimos la capacidad de recuperación que llevamos dentro. La curación no es un camino lineal, sino una espiral que nos devuelve una y otra vez a niveles más profundos de comprensión y autocompasión. Se trata de reconocer que, a pesar de los enredos de nuestro pasado, poseemos la capacidad innata de alimentarnos hacia la plenitud. Cada momento es una oportunidad para tomar decisiones que se alineen con nuestro auténtico yo, no con el yo que nos dijeron que fuéramos. Sanar desde dentro nos pide que seamos lo bastante valientes para enfrentarnos a nuestras dolorosas verdades, pero lo bastante amables para perdonarnos por no haber sabido antes lo que sabemos ahora. A través de este proceso, encendemos las chispas de nuestra autonomía, construyendo una resiliencia que nace del corazón mismo de nuestro ser. Aceptar nuestro relato completo, con sus defectos y virtudes, nos permite avanzar hacia una vida en la que somos los autores, redefiniendo activamente lo que significa vivir sin tener que buscar la validación de fuentes externas. Es aquí, en la santidad de nuestro paisaje interior, donde se plantan las semillas del cambio, se riegan con nuestra recién descubierta autocompasión y florecen cada día que seguimos defendiendo nuestra propia causa. La curación desde dentro nos invita a un poderoso despertar, que despliega los pétalos fuertemente sujetos de nuestro verdadero potencial.

La curación desde dentro nos invita a un poderoso despertar, que despliega los pétalos fuertemente sujetos de nuestro verdadero potencial.

Autocompasión y Perdón es como envolverse en un cálido abrazo de aceptación después de años de permanecer en las frías sombras del autojuicio. Si estás luchando contra la codependencia, ser amable contigo mismo puede parecerte un lenguaje que nunca te han enseñado, pero nunca es demasiado tarde para aprender. Se trata de reconocer que todos somos obras en progreso, dignas de paciencia y cuidado no sólo de los demás, sino, lo que es más importante, de nosotros mismos.

A medida que navegamos por el camino de la curación de los patrones codependientes, es vital reconocer que estamos obligados a tropezar. ¿Quién no lo ha hecho? Es humano. Pero la forma en que nos hablamos a nosotros mismos en esos momentos puede marcar nuestro rumbo. Si nos hablamos a nosotros mismos con duras críticas, cimentamos nuestros pasos en falso. Sin embargo, cuando practicamos la autocompasión, nos damos permiso para aprender y crecer a partir de nuestras experiencias sin que éstas nos definan.

La autocompasión se forja a partir de tres elementos clave: la autocompasión, la humanidad común y la atención plena. Combinándolos, empezamos a tratarnos a nosotros mismos como trataríamos a un amigo querido, con ánimo, comprensión y el reconocimiento de que todo el mundo se enfrenta a retos. En lugar de reprenderte a ti mismo por un fallo percibido ("¡No puedo creer que haya vuelto a caer en esa trampa!"), podrías recordarte con delicadeza: "No pasa nada, todo el mundo comete errores. ¿Qué puedo aprender de esta experiencia?". Este sutil cambio en el diálogo interior es poderoso para rehacer el paisaje de tu mundo interno.

Luego está la humanidad común. Es comprender que no estás solo en tus luchas. Sí, tus experiencias son únicas, pero los sentimientos de dolor, inadecuación o miedo son universales. Adoptar esta noción ayuda a disolver los muros de aislamiento que la codependencia puede construir alrededor de una persona. Es el acto de estar presente con tus emociones sin dejar que tomen el timón. El hecho de que te sientas culpable o indigno no significa que tú seas esos sentimientos. La atención plena es estar en el ojo de la tormenta emocional y observar sin dejarse arrastrar.

Ahora bien, ¿dónde encaja el perdón en esta mezcla? Piénsalo como dejar ir viejos rencores que te has guardado a ti mismo. El perdón no consiste en pasar por alto tus acciones o el daño causado; consiste en liberarte de la atadura tóxica de la autoculpabilidad no resuelta. Cuando te perdonas a ti mismo, no estás aprobando comportamientos codependientes pasados; te estás dando espacio para sanar y seguir adelante.

Perdonarte a ti mismo puede ser a menudo más difícil que perdonar a los demás. Es un viaje que comienza con el reconocimiento de los errores, la aceptación de la responsabilidad y la comprensión de los contextos que pueden haber influido en esos comportamientos. La clave es recordar: tus acciones no son tu identidad.

Comienza la práctica del perdón liberándote de las expectativas de perfección. No estás destinado a ser impecable, ni debes esforzarte por serlo. La curación no consiste en alcanzar un estado de perfección, sino en abrazar el proceso maravillosamente imperfecto del crecimiento.

Integrar la autocompasión y el perdón requiere paciencia y persistencia. Puede empezar con pequeñas afirmaciones, como "Hago lo mejor que puedo con lo que sé". Poco a poco, estas afirmaciones pueden convertirse en el andamiaje de un diálogo interno más enriquecedor.

Cultivar este espacio de compasión dentro de uno mismo también afecta a la forma de interactuar con los demás. Cuando te comprendes y te perdonas a ti mismo, también adquieres las herramientas para ofrecer compasión y perdón genuinos a los que te rodean, sanando así no sólo tu mundo interno sino también las conexiones que compartes con los demás.

Practicar la autocompasión y el perdón no significa que no vayas a experimentar emociones negativas o a enfrentarte a reveses. Más bien, te equipa con una forma más suave de abordarlas—una en la que te apoyas a ti mismo en lugar de atacarte.

Acepta esos momentos en los que reconoces un pensamiento o comportamiento codependiente pero eliges una acción diferente. Alégrese de estas pequeñas victorias, ya que son los verdaderos marcadores del progreso hacia la autonomía emocional y las relaciones más sanas.

Vea, hay un inmenso poder en la autocompasión y el perdón. No son signos de debilidad, sino de fortaleza. Ofrecen el regalo de la suavidad en un mundo que a menudo parece demasiado duro. Cuando te das a ti mismo este regalo, rompes los grilletes de la codependencia y entras con confianza en una vida de auto-empoderamiento y sana interdependencia.

A medida que avanzas, deja que la auto-compasión y el perdón sean los cimientos sobre los que construyas resiliencia y autonomía – los temas de nuestra próxima discusión. Se convertirán en las herramientas que le ayudarán a enfrentarse a las adversidades de la vida con un sentido de sí mismo fundamentado y un corazón abierto.

Recuerde, curarse de la codependencia es un viaje. Sé amable y paciente contigo mismo mientras recorres este camino. Al abrazar la autocompasión y el perdón, no sólo estás reparando; estás transformando– y eso es algo increíblemente valiente.

Construyendo Resiliencia y Autonomía A medida que profundizamos en la comprensión y el cambio de los comportamientos codependientes, surge una llamada - una llamada a construir resiliencia y autonomía. Si estás hojeando estas páginas, es posible que ya hayas explorado el tierno terreno de tu vida interior, lidiando con los matices de la autoestima y el perdón. Ahora ha llegado el momento de fortalecer las fibras mismas de tu ser, de entretejer la resiliencia y la autonomía en tu vida cotidiana. Sin embargo, la resiliencia no es tanto un rasgo innato como un músculo que se construye y fortalece con la práctica y la persistencia. Cuando se sale de las sombras de la codependencia, la resiliencia empieza por reconocer que los contratiempos no son fracasos, sino parte del camino hacia el crecimiento y el autodescubrimiento.

La autonomía, por otra parte, es el acto sagrado de autogobernarse. Es abrazar tu derecho a tomar decisiones por ti mismo, a dar espacio a tus necesidades y deseos personales sin culpa ni vergüenza. Los individuos autónomos siguen valorando la conexión y la comunidad; lo que los diferencia es la creencia de que no son menos por priorizar su bienestar, ni son responsables de las emociones y decisiones de los demás.

Ahora, hablemos de construir esa resiliencia. Una mentalidad resiliente surge de la creencia de que eres capaz de afrontar y adaptarte a cualquier cosa que te depare la vida. Puedes cultivar esta creencia fijándote pequeñas metas y celebrando cuando las alcanzas. Empecemos por la mañana temprano. Cuando dudes en levantarte de la cama, márcate el objetivo de simplemente poner los pies en el suelo. Celebre ese pequeño triunfo. Esta práctica puede parecer intrascendente, pero construye una base de autoconfianza en que puede y quiere actuar en su propio beneficio.

Salir de las sombras

Al mismo tiempo, realice actividades que fortalezcan su resistencia psicológica. Dedíquese a aficiones que le llenen de energía, lea libros que cuestionen su perspectiva o pase tiempo en la naturaleza, permitiendo que la quietud le recuerde que forma parte de algo mucho más grande que cualquier lucha en particular. Los actos sencillos de autocuidado no son meros lujos, sino refuerzos para una mente resistente.

Cuando se trata de fomentar la autonomía, empieza por separar tus pensamientos y sentimientos de los que te rodean. Es como desenredar cables; al principio pueden estar anudados y ser confusos, pero con paciencia, pueden separarse y funcionar sin problemas. Reflexione sobre las decisiones que toma en un día—considere cuáles son verdaderamente suyas y cuáles están influidas por el deseo de complacer o cuidar a otra persona. Poco a poco, tome más decisiones que estén en consonancia con su auténtico yo, sin estar condicionado por las expectativas de otra persona.

Los límites son otra piedra angular de la autonomía. Aunque ya se han mencionado antes, defender tus límites personales es una práctica que querrás perfeccionar con diligencia. Los límites no son muros para mantener a la gente fuera, sino los parámetros dentro de los cuales puedes relacionarte con los demás de forma auténtica y saludable. Exponga sus límites con calma y firmeza, y recuerde respetar a su vez los límites de los demás. El cambio puede ser profundamente perturbador, especialmente si sus patrones codependientes implicaban mucho control o previsibilidad. Sin embargo, el cambio también es el telón de fondo sobre el que se produce el crecimiento. Empiece por algo pequeño, alterando una rutina o probando algo nuevo, y observe cómo se adapta; celebre la flexibilidad y la iniciativa que demuestra.

En el camino hacia la autonomía, puede ser tentador ir demasiado lejos en la dirección opuesta, aislándose en nombre de la independencia. Sin embargo, la autonomía no consiste en la soledad, sino en elegir deliberadamente tus conexiones. Cultiva relaciones en las que te sientas fortalecido y validado por las decisiones que tomas, no porque beneficien a otros, sino porque son adecuadas para ti. Empieza poco a poco: aprende a gestionar tus finanzas, a cocinar un plato nuevo o a solucionar un problema común en casa. Cada tarea que domines no sólo potenciará tus habilidades prácticas, sino que también te inculcará la sensación de que puedes confiar en ti mismo.

La resiliencia se construye en los momentos en que eliges ser amable contigo mismo, dar espacio a tus emociones sin juzgarte. Recuerda que no aspiras a la perfección, sino a progresar. Cuando tropieces, será tu voz interior de compasión la que te ayude a levantarte de nuevo, no el duro látigo de la crítica. La autocompasión alimenta la resiliencia. Es afirmar tu valía, especialmente en los momentos en los que sientes que te has quedado corto. Empieza con tu rutina diaria: haz deliberaciones enraizadas en lo que sientes que es beneficioso y nutritivo para ti. Reconoce cuándo estás eligiendo algo porque es lo que se espera de ti y redirígete suavemente hacia acciones que apoyen tu crecimiento y honren tu verdadero yo.

La celebración de tus pasos, grandes y pequeños, envuelve tanto la resiliencia como la autonomía en un abrazo cálido y afirmativo. Celebra el acto de poner un límite, la fuerza que te llevó a pedir ayuda, la gracia con la que te adaptaste a una situación inesperada. Cada celebración graba la realidad de que eres resiliente, autónomo y merecedor de reconocimiento por tus esfuerzos.

Formar parte de una comunidad—una red inclusiva y de apoyo—agrava los beneficios de fomentar la autonomía y la resiliencia. Apóyate en grupos de apoyo, foros o amigos íntimos que honren tu trayectoria. Serán su caja de resonancia y su escuadrón de animadores, y le reflejarán la fuerza que no siempre ve en sí mismo.

En conclusión, desarrollar la resiliencia y la autonomía no es una transformación de la noche a la mañana. Es un proceso suave e iterativo: poner un pie delante del otro, día a día, decisión a decisión. Acepta cada paso con compasión, celebra tus progresos y recuerda que cada instancia de autocuidado, establecimiento de límites y elección intencionada teje un yo más fuerte y autónomo. Brindo por tu viaje hacia la plenitud— que sea un viaje en el que cada reto se afronte con un espíritu resiliente y cada decisión que tomes sea una declaración de tu autonomía.

Capítulo 11:
Herramientas para la transformación

A medida que nos adentramos en este viaje de sanación, has reconocido la necesidad de cambiar y has aceptado la vulnerabilidad que conlleva— ahora, vamos a equiparte con las herramientas prácticas para una transformación duradera. Se trata de cultivar una calidad de presencia contigo mismo que sea a la vez consciente y fortalecedora. Imagina que eres capaz de navegar por la marea de tus emociones con una mano más firme, de expresar tus necesidades con claridad y de resolver conflictos de forma que fortalezcas tu sentido del yo. No se trata de meras aspiraciones, sino que son absolutamente alcanzables con perseverancia y las técnicas adecuadas. A través de la conciencia, aprenderás a hacer una pausa y reflexionar en lugar de reaccionar impulsivamente. Al perfeccionar tus habilidades de comunicación, convertirás los malentendidos en oportunidades de crecimiento. Cada paso que des no sólo servirá para eliminar viejos hábitos codependientes, sino también para abrirte camino hacia una vida más autónoma y plena. Adopta estas herramientas—no sólo son salvavidas, sino también bloques de construcción para el nuevo y empoderado

Mindfulness y Autoconciencia Sumerjámonos de lleno en las suaves olas del mindfulness y la autoconciencia. Ambos actúan como faros gemelos que nos guían a través del enmarañado bosque de los patrones codependientes. Al prestar toda nuestra atención al momento presente, la atención plena nos permite observar nuestros pensamientos, sentimientos y comportamientos sin juzgarlos. El autoconocimiento va de la mano, dándonos la percepción necesaria para reconocer nuestras reacciones de piloto automático y los orígenes de nuestras tendencias codependientes. La claridad, amigos, es el primer paso hacia la transformación.

Mindfulness significa vivir con plena conciencia del presente. Cuando nos volvemos conscientes, empezamos a notar las sutilezas de cada interacción y cómo nos afectan emocionalmente. Este nivel de atención es extraordinariamente poderoso para las personas que luchan contra la codependencia porque altera el piloto automático que ha dirigido durante mucho tiempo nuestra dinámica relacional.

¿Es usted alguien que dice "sí" incluso cuando su corazón grita "no"? Esa es la clave para aprovechar estas dos herramientas. Practicar la autoconciencia significa preguntarnos: "¿Qué es lo que realmente impulsa mi respuesta?". Tal vez sea el miedo al abandono o una necesidad de aprobación que se remonta a la infancia. Reconocer esto puede crear una pausa entre el impulso y la acción, un espacio donde la elección—y el cambio—comienzan.

Honestamente, es un viaje interior. Imagínese una inmersión profunda en uno mismo, no para criticar, sino para comprender. Al tomar conciencia de nosotros mismos, desenterramos las narrativas que nos han dado forma. Quizá hayas interiorizado la creencia de que tu valía se mide por lo que haces por los demás. Descubrir las capas de estas historias puede abrirnos los ojos y, sí, darnos un poco de miedo, pero también es el momento en el que arraiga la curación.

Hablemos de los momentos en los que nos sentimos provocados. El corazón se acelera, las palmas de las manos sudan, y de repente estamos diciendo o haciendo cosas que no se alinean con lo que queremos ser. En lugar de dejarnos llevar por la reactividad, podemos utilizar la atención plena para percibir estas señales fisiológicas. Una respiración profunda puede marcar la diferencia entre perpetuar el ciclo o emprender un nuevo camino. Es en estas respiraciones cuando la libertad se hace tangible.

Desarrollar la autoconciencia también significa reconocer cuándo nuestros tanques internos están vacíos. Los codependientes suelen dar prioridad a los demás, a veces en detrimento propio. Pero imagina que, con una mayor conciencia de ti mismo, pudieras identificar tus propias necesidades con tanta claridad como ves las de los demás. Las prácticas de atención plena, como la meditación, pueden ser tu espacio para reabastecerte, fomentando un enfoque equilibrado de ti mismo y de los demás.

Ahora bien, la autoconciencia no consiste sólo en conocer nuestros defectos; también consiste en reconocer nuestros puntos fuertes. Es increíblemente reafirmante identificar las cualidades que nos hacen fiables, atentos y compasivos. Al hacerlo, desarrollamos una autopercepción más equilibrada y dependemos menos de la validación externa.

La práctica de la atención plena no viene con un interruptor de apagado, y eso es bueno. Se extiende más allá de nuestros tranquilos momentos de reflexión, al flujo dinámico de la vida. Como codependientes, la atención plena nos permite mantener un sentido de nosotros mismos incluso en medio de nuestras relaciones. Aprendemos a ser testigos de nuestras interacciones como si fuéramos nuestro propio amigo compasivo, empujándonos suavemente hacia comportamientos más saludables.

¿Cuántas veces somos sonámbulos en nuestras interacciones, sin estar ni aquí ni allá? Pues bien, el mindfulness nos devuelve a la realidad. Cada conversación y cada decisión se convierten en una oportunidad para aplicar nuestra nueva conciencia de nosotros mismos. Te harás preguntas esenciales como: "¿Actúo por amor o por miedo?" o "¿Esta elección refleja mis valores?". Esta es la práctica de estar vivo y comprometido con tu propia vida.

Salir de las sombras

Abordar la atención plena también puede significar reevaluar cómo empleamos nuestro tiempo. Tal vez estés metido hasta las rodillas en los asuntos de los demás porque es más fácil que enfrentarte a los tuyos. Dedicar tiempo a propósito a actividades de crecimiento personal (yoga, escribir un diario, pasear por la naturaleza) puede ser tanto un acto de atención plena como un estímulo para el autoconocimiento. Tal vez gravitas hacia compañeros que necesitan "arreglo", o tal vez te extralimitas en el trabajo. Con la atención plena, observas sin autocondenarte, y con la autoconciencia, empiezas a preguntarte "¿por qué?". Las respuestas pueden ser complejas, entretejidas en tu propio tejido, pero ahí es donde se encuentra tu poder para cambiar. Es como tener una hoja de ruta personal hacia unas relaciones más sanas y una vida más satisfactoria.

Seguro que surgirán contratiempos. Te olvidarás de respirar, de preguntar, de observar. Te sentirás abrumado por el viejo impulso de fundirte con el estado emocional de otra persona. Recuerda que la atención plena y la autoconciencia son prácticas, no perfecciones. Cada vez que vuelvas a estos principios, estarás reforzando tu capacidad de recuperación y volviendo a comprometerte con el trabajo de autotransformación.

Por último, no olvidemos el efecto dominó de la atención plena y la autoconciencia. A medida que cambias, tus relaciones también empiezan a transformarse. Empezarás a poner límites no desde la ira o la frustración, sino desde la compasión hacia ti mismo y hacia los demás. Hay un profundo empoderamiento en darse cuenta de que puedes elegir tus respuestas, tus límites y, en última instancia, el tipo de amor que das y aceptas.

Para terminar, el camino hacia la superación de la codependencia está entrelazado con las prácticas de la atención plena y el autoconocimiento. Requieren tiempo, paciencia y una gran dosis de autocompasión. Pero con cada momento que elijas estar presente y ser consciente de ti mismo, estarás moldeando activamente una vida que sientas auténticamente tuya. Ya no te limitarás a reaccionar ante el mundo, sino que participarás conscientemente en él, una elección consciente cada vez.

Comunicación y Resolución de Conflictos Cuando se atraviesa el viaje multifacético de desenredar comportamientos codependientes, es fundamental comprender la esencia de la comunicación y la resolución de conflictos. Admitámoslo, la expresión y el discurso no consisten sólo en intercambiar palabras; consisten en transmitir nuestros pensamientos, necesidades y sentimientos de una forma que fomente la comprensión y la conexión. En este rincón de nuestra búsqueda para recuperar nuestro bienestar, la forma en que conversamos y resolvemos las diferencias puede ser el bálsamo que cura o la sal que hiere.

En primer lugar, es importante reconocer que la comunicación no es innata—se aprende. Si creciste en un ambiente de codependencia, la comunicación abierta y honesta puede parecerte tan extraña como el idioma de un país lejano. Y no pasa nada. Es una habilidad que se puede perfeccionar con el tiempo, y empieza con el valor de ser vulnerable. Se trata de pelar suavemente las capas protectoras y compartir con los demás la pulsante y colorida variedad de tu auténtico yo.

El conflicto, por otra parte, suele aparecer como un invitado no deseado en la cena de la comunicación. Puede ser desordenado, ruidoso e incómodo. Pero un pequeño secreto: el conflicto no tiene por qué ser destructivo. Cuando se aborda con cuidado e intención, puede servir de catalizador para el crecimiento y una intimidad más profunda. Se trata de comprender que bajo el choque se esconde una oportunidad para que cada persona aprenda y evolucione. El conflicto, en esencia, es una invitación a una danza en la que el ritmo es la comprensión y los pasos son la compasión.

Salir de las sombras

La comunicación eficaz empieza por escuchar—una habilidad que a menudo queda eclipsada por el deseo de ser escuchado. Escuchar de verdad implica algo más que oír palabras; se trata de sintonizar con la melodía de las emociones y el tempo de las necesidades subyacentes. Es una experiencia corporal completa en la que los oídos, los ojos y el corazón trabajan en armonía para captar el cuadro completo que está pintando el interlocutor.

Paralelamente, expresarse con claridad es un arte tan crucial como el acto de escuchar. Se trata de elaborar las palabras con intención, para que actúen como puentes y no como barreras. Significa adoptar afirmaciones del tipo "yo" que hagan propias tus experiencias sin señalar inadvertidamente a nadie. Se trata de narrar el paisaje de tu mundo interior sin esperar que tu oyente tenga un mapa.

Las emociones pueden dispararse durante un conflicto, especialmente cuando hay codependencia en juego. La ansiedad puede apoderarse de ti, o la culpa puede ahogar tus palabras como una niebla espesa. Estos sentimientos pueden conducir a posturas defensivas o a retiradas precipitadas. Pero, a través de la autorregulación intencional—respiraciones profundas, pausas y tranquilizaciones internas—puedes mantener la conversación a flote, en lugar de dejar que se hunda en el abismo de los viejos patrones.

La resolución de conflictos también es cuestión de tiempo. Elegir el momento adecuado para hablar de temas delicados es como encontrar ese punto dulce en el que el sol asoma entre las nubes, un momento de claridad potencial en medio de las tormentas de la vida cotidiana. Requiere atención plena, para reconocer cuándo las emociones se han calmado lo suficiente como para tamizarlas sin perderse.

Además, en la resolución de conflictos, preparar el escenario es importante. Se trata de crear un ambiente en el que todos los participantes se sientan seguros y escuchados, sin distracciones, juicios ni el estruendo del caos externo. Crear este espacio es una prueba de respeto, tanto hacia uno mismo como hacia los demás participantes en el diálogo. Se trata de respetar tu derecho a expresar tus pensamientos y sentimientos y, al mismo tiempo, respetar el derecho de los demás a hacer lo mismo. Este equilibrio es delicado, pero cuando se consigue, es como un dúo en el que ambas voces armonizan en lugar de competir por el protagonismo.

No se puede exagerar el papel de la empatía en este proceso. La empatía es el suave susurro que nos recuerda: "Ambos sois humanos, ambos sufrís y ambos merecéis comprensión". Es la lente que nos permite ver más allá de nuestra propia perspectiva y captar la textura del tapiz de la experiencia ajena.

Y cuando las palabras fallan, las señales no verbales toman protagonismo. El lenguaje corporal, el tono de voz e incluso el silencio dicen mucho. Pueden contradecir o confirmar el mensaje que intentas transmitir. Ser consciente de estos comunicadores silenciosos puede ayudar a garantizar que sus mensajes no verbales no envíen accidentalmente a alguien por un camino que usted nunca pretendió.

En momentos en los que la marea del conflicto sube y las emociones amenazan con inundar la conversación, puede ser prudente dar un paso atrás. Un tiempo muerto no es una derrota; es una pausa estratégica, diseñada para dar a todos un momento para calmarse y ordenar sus pensamientos. Retomar la conversación más tarde puede suponer a menudo la diferencia entre hundirse en las arenas movedizas de la escalada o encontrar un terreno sólido.

Resolver un conflicto a menudo termina con la búsqueda de un compromiso— un hermoso término medio en el que las necesidades de nadie se ven ahogadas por las de los demás. Llegar a un acuerdo no significa perder, sino tejer un tapiz en el que los hilos de cada uno contribuyen a la pieza final. Es una victoria por derecho propio, no porque haya un ganador, sino porque hay armonía.

Salir de las sombras

Después de un conflicto, la reflexión es un guardián silencioso del progreso. Volver la vista atrás para ver cómo se desarrolló un desacuerdo y cómo se resolvió puede revelar patrones, puntos fuertes y áreas de mejora. Esta autorreflexión enriquece su kit de herramientas de comunicación para futuras conversaciones, añadiendo más profundidad y delicadeza a su enfoque.

Por último, pero no por ello menos importante, recuerde celebrar los pasos dados hacia una comunicación eficaz y la resolución de conflictos. Cada vez que practique estas habilidades, estará modificando viejas dinámicas y creando nuevas posibilidades de crecimiento y conexión. No sólo está rompiendo ciclos, sino que está construyendo nuevos caminos en los que la comprensión es la piedra angular y el respeto mutuo, la piedra angular.

Al entrelazar los hilos de la comunicación genuina y la resolución compasiva de conflictos, no sólo estamos desenredando el nudo de la codependencia. Estamos tejiendo un tapiz totalmente nuevo: uno de autonomía entrelazada con la conexión, y de individualidad danzando con la unidad. Y eso, querido amigo, es una obra maestra en ciernes.

Capítulo 12:
Construir relaciones sanas

Al pasar página de la exploración de las herramientas para la transformación personal, es crucial que pivotamos hacia el corazón de nuestras vidas interpersonales—construir relaciones sanas. La danza de la conexión no consiste sólo en conocer los pasos; se trata de sentir el ritmo del respeto mutuo y comprender el toma y daca que permite a ambas partes moverse con libertad. Es un viaje lleno de la alegría de descubrir que las relaciones pueden ser espacios de curación, crecimiento y alegría en lugar de zonas de sacrificio y compromiso. Esta transición es profunda, ya que aprendemos a establecer límites sólidos sin construir muros y a abrazar la fuerza que se encuentra en la vulnerabilidad. Imagina relacionarte con los demás desde un lugar de plenitud, en el que compartes tu vida en lugar de que tu vida dependa de otra persona. Imagina conexiones que prosperan gracias a la empatía, en las que escuchar es tan importante como ser escuchado. En este capítulo, vamos a aceptar que las relaciones más nutritivas son aquellas en las que nuestras raíces son lo suficientemente profundas como para apoyar nuestro crecimiento individual, así como nuestra unión. Así que vamos a nutrir el suelo de nuestras conexiones y ver cómo nace un jardín de relaciones más equilibrado y vibrante.

Establecer y respetar los límites es un paso fundamental para redefinir y revitalizar no sólo las relaciones que fomentamos con los demás, sino también las que cultivamos dentro de nosotros mismos. Si alguna vez te has sentido demasiado disperso o atrapado en el ciclo de decir "sí" cuando en realidad quieres decir "no", no estás solo. A medida que exploramos el arte de establecer límites, nos adentramos en la creación de espacios que honren nuestras necesidades, valores y, lo que es más importante, nuestro bienestar.

Imagina los límites como las líneas de propiedad personal que definen dónde terminamos nosotros y dónde empiezan los demás. Estas líneas son únicas para cada persona y son esenciales para mantener un sentido saludable de uno mismo. Cuando se desdibujan, podemos sentirnos abrumados, perder nuestro sentido de la identidad y encontrarnos en relaciones codependientes que no nos sirven.

Sin embargo, establecer límites no consiste en construir muros impenetrables; se trata de aclarar lo que podemos tolerar y aceptar, y lo que no. Se trata de expresar nuestras necesidades en una relación sin miedo a represalias o a sentirnos culpables. Créeme, puede que al principio te resulte extraño o incluso incómodo, pero es un ejercicio crucial de autoestima.

Reflexiona sobre los tipos de límites importantes en la vida: emocionales, físicos, intelectuales y temporales, por nombrar algunos. Todos son importantes. Ya se trate de no querer hablar de un tema delicado o de necesitar espacio personal, tenemos derecho a crear y esperar que se respeten estos límites. La seguridad emocional no es un lujo, sino un requisito para las interacciones sanas.

Cuando comunicamos nuestros límites, lo hacemos directamente y con compasión — tanto para nosotros mismos como para la persona que recibe el mensaje. No nos disculpamos por nuestros límites; los afirmamos. Los límites no son groseros ni agresivos; son el último acto de autocuidado.

Entiende que los límites evolucionan a medida que crecemos y cambian nuestras situaciones. Está bien que los límites cambien con el tiempo. Sólo recuerde comunicar estos cambios de forma clara y asertiva, para que no haya confusión.

Uno de los aspectos más difíciles de establecer límites es lidiar con el rechazo. Cuando alguien está acostumbrado a que no tengamos límites, puede poner a prueba nuestros nuevos límites. Mantente firme. Tu bienestar es importante y las personas que de verdad te quieren respetarán las líneas que has trazado. Respetar los límites de los demás es tan importante como establecer los propios. Fomenta el respeto mutuo y crea una relación equilibrada en la que cada persona se siente escuchada y valorada. Cuando apreciamos los límites de los demás, aprendemos a no tomárnoslo como algo personal cuando alguien los hace valer.

No olvidemos la importancia de mantener los límites que establecemos. La coherencia es clave. Si los dejamos pasar "sólo esta vez", enviamos mensajes contradictorios. Es como decirles a los demás que no nos tomamos en serio nuestras normas personales, y puede llevar a más violaciones de los límites.

Confiar en que los demás intuyan nuestros límites sin comunicarlos es un juego que nadie gana. La comunicación clara es vital. No podemos esperar que los demás nos lean la mente, así que di lo que necesitas.

Recuerda que decir "no" no requiere una larga explicación; es una frase completa. No le debes a nadie una justificación elaborada de tus límites. La simplicidad en tu "no" puede ser clara y poderosa.

Establecer límites también puede significar reevaluar las relaciones y reconocer patrones de codependencia. Está bien dar un paso atrás en las relaciones que no respetan tus nuevos límites. No está siendo egoísta; está siendo consciente de sí mismo y eligiendo dar prioridad a su bienestar.

Salir de las sombras

No mida el éxito de sus límites por las respuestas que obtenga. La verdadera medida es cuánto más en paz te sientes contigo mismo. Recuerde que usted no es responsable de las reacciones de los demás a sus límites, sólo de establecerlos y mantenerlos respetuosamente.

Los límites son una forma de autoexpresión y son muy personales. Lo que funciona para uno puede no funcionar para otro. Se trata de encontrar un equilibrio que permita una conexión significativa con los demás al tiempo que se preserva el sentido de uno mismo.

En conclusión, establecer y respetar los límites es un viaje hacia la curación de la codependencia. Fortalece tu sentido de autonomía y puede mejorar todos los aspectos de tu vida. Entra en este espacio con amabilidad y persistencia. Reclama ese precioso terreno para ti y observa cómo transforma los jardines de tus relaciones en espacios de floreciente independencia y respeto.

Interdependencia vs. Codependencia En el paisaje de las relaciones humanas, el terreno varía drásticamente y, a menudo, nos encontramos atravesando el complicado camino entre la interdependencia y la codependencia. Es una línea que a veces se desdibuja cuando estamos inmersos en una dinámica relacional, especialmente cuando compartimos el viaje con alguien cercano a nuestro corazón. Comprender la diferencia entre estos dos tipos de relaciones puede cambiarnos la vida.

Considera la interdependencia como el hermano sano y robusto de la frágil codependencia—ambos surgen de la necesidad de conexión, pero crecen de formas muy diferentes. La interdependencia se asemeja a un baile en el que la pareja se mueve en sincronía, respondiendo pero sin limitarse a los movimientos del otro. Es un modelo de relación en el que los individuos se apoyan mutuamente manteniendo su autonomía y crecimiento personal.

Por otro lado, la codependencia es ese baile en el que uno de los miembros de la pareja lleva la iniciativa en exceso, a menudo a expensas del ritmo del otro. Se caracteriza por una excesiva dependencia emocional o psicológica de la pareja, normalmente de alguien que necesita apoyo debido a una adicción o enfermedad. La línea que separa el cuidado de la prepotencia se vuelve tan fina que podría ser invisible, y ahí es donde empiezan los problemas.

Vale la pena señalar que ninguno de nosotros es inmune a la atracción gravitatoria de la codependencia. Muchos de nosotros podemos caer en estos patrones sin darnos cuenta... porque, en esencia, lo que buscamos es que nos necesiten y necesitar a cambio. Pero cuando esa necesidad se convierte en algo que lo consume todo, la vida puede parecer como si viviéramos únicamente para la órbita de otra persona.

La codependencia a menudo tiene sus raíces en un miedo profundamente arraigado al abandono, mezclado con una baja autoestima y un exagerado sentido de la responsabilidad por la felicidad de los demás. Susurra la mentira de que tu valor depende de cuánto puedas hacer por los demás, de cuánto de ti mismo puedas dar.

La interdependencia, sin embargo, celebra al individuo dentro del "nosotros". Reconoce que el cuidado de uno mismo y los intereses personales no son egoístas, sino esenciales. Valora la idea de que dos personas pueden estar profundamente conectadas, compartir sus vidas y, sin embargo, respetar la necesidad de la otra persona de expresarse y perseguir sus propios intereses.

La compleja interacción de dar y recibir en una relación interdependiente es equilibrada. Nadie lleva la cuenta porque sabe que mañana la balanza podría inclinarse hacia el otro lado. Sin embargo, la armonía general permanece intacta.

Salir de las sombras

En cambio, la dinámica codependiente suele estar plagada de inseguridad y desequilibrio de poder. Una persona puede dar, continua e interminablemente, no por generosidad genuina, sino por la necesidad ansiosa de mantener la conexión, y la otra—sea consciente o no—recibe, alimentándose de este flujo de apoyo interminable sin ofrecer mucho a cambio.

Reconocer los rasgos de la codependencia en nosotros mismos puede ser chocante—como una luz repentina en una habitación oscura. Puede escocer, pero también iluminar. Puede que sientas esta punzada cuando no recuerdes la última vez que hiciste algo sólo para ti, o cuando notes que tu estado de ánimo está atado a los sentimientos de otra persona.

Construir una relación interdependiente empieza por mirar hacia dentro. Se trata de fortalecer el sentido de uno mismo, de alimentar tus necesidades y de la creencia inquebrantable de que eres completo por ti mismo. Surge de la verdad de que tu valía no se mide por tus sacrificios, sino por la riqueza de tu carácter, los límites que estableces y el respeto que impones.

La transición de la codependencia a la interdependencia no consiste sólo en cambiar la forma de relacionarte con los demás; es una metamorfosis del yo. Debe estar dispuesto a ahondar en sus propias profundidades, enfrentarse a verdades incómodas y emerger con un nuevo respeto por su individualidad, así como por sus interconexiones.

Esta transformación a menudo implica el aprendizaje de nuevas habilidades como la comunicación asertiva, el establecimiento de límites y la autorregulación emocional. Es un proceso que no ocurre de la noche a la mañana, y a veces requiere el apoyo de otras personas que han recorrido este camino o de profesionales que pueden guiar el camino.

Abrace el conocimiento de que buscar el cambio no es un signo de fracaso, sino un paso valiente hacia una persona más sana. Al aspirar a la interdependencia, estás abogando por una relación en la que puedas florecer junto a tu pareja— no simplemente sobrevivir por el bien de la relación.

En última instancia, el cambio de la codependencia a la interdependencia tiene que ver con el equilibrio. Se trata de encontrar ese punto óptimo en el que puedan apoyarse el uno en el otro sin perderse, en el que los lazos que les unen estén hechos de respeto mutuo, compasión y auténtica colaboración. Es un lugar donde el amor no cuesta tu libertad, sino que enriquece tu vida con los colores de la humanidad compartida y la singularidad individual.

A medida que avanzas, recuerda que cada paso es un progreso, incluso el más pequeño. Hay gracia en la lucha y belleza en el crecimiento. Al elegir la interdependencia, no sólo estás recalibrando una relación, sino que estás reclamando tu poder y potencial – y eso, por encima de todo, es un motivo de celebración.

Capítulo 13: La codependencia en el lugar de trabajo

A medida que pelamos las muchas capas de la codependencia, nos encontramos con la cruda realidad de que nuestras vidas profesionales no son inmunes a estas intrincadas dinámicas. Los patrones de codependencia pueden enredarnos fácilmente en la rutina diaria, con los hilos de la adicción al trabajo y la búsqueda incesante de aprobación que vinculan sutilmente nuestro sentido del yo a nuestro rendimiento laboral. Puede que nos encontremos trasnochando con frecuencia, no por amor al trabajo, sino por miedo a decepcionar a los demás o a que nos consideren poco comprometidos. O puede que nos convirtamos en el confidente de la oficina, siempre dispuesto a ayudar a los demás con sus cargas de trabajo, mientras nuestras propias tareas se acumulan, ignoradas. Es un equilibrio difícil de alcanzar, pero la recompensa es una relación más sana y sostenible con nuestro trabajo. Aquí, en el delicado baile entre el compromiso profesional y el bienestar personal, nos enfrentamos al reto de establecer límites que respeten nuestro tiempo y nuestras contribuciones sin caer en la autodesatención ni sacrificar nuestras relaciones fuera de la oficina. A medida que desentrañamos el entrelazamiento de nuestras identidades y nuestras carreras, es crucial que tracemos un camino que nos conduzca no sólo al éxito profesional, sino también a la verdadera satisfacción y al equilibrio tanto dentro como fuera del lugar de trabajo.

Por ello, es importante que nos esforcemos por encontrar un equilibrio entre la vida profesional y la personal.

Adicción al trabajo y presiones de rendimiento se sumerge en un aspecto de la codependencia que a menudo se pasa por alto pero que se manifiesta en el lugar de trabajo. En una cultura que con frecuencia recompensa el exceso de trabajo y la dedicación, a menudo a expensas de la salud y el bienestar personal, no es de extrañar que el trabajo pueda convertirse en un hábito adictivo y tóxico para alguien que lucha con tendencias codependientes.

La adicción al trabajo, a primera vista, puede parecer un alto rendimiento o una ambición admirable. Pero bajo la superficie, a menudo surge de una necesidad profundamente arraigada de validación y miedo a la desaprobación. La dependencia de la validación externa puede empujar a los individuos a ignorar sus propias necesidades y límites, llevándoles a una productividad a toda costa; un coste que a menudo es demasiado alto.

Aquí está el problema: nuestra autoestima no debería estar ligada exclusivamente a nuestros logros en el trabajo. Cuando alguien mide su valor por su productividad o éxito, puede quedar atrapado en un ciclo de presiones de rendimiento que nunca satisface realmente su anhelo interior de aceptación y autoestima. Es un juego perpetuo de ponerse al día con porterías que se mueven.

En la agonía de la codependencia, muchos tienen miedo de decir no a responsabilidades adicionales, desesperados por demostrar su valía o temerosos de defraudar a los demás. Esto puede llevar a un exceso de trabajo crónico, a descuidar las relaciones personales y la salud, y a una incapacidad para disfrutar de las actividades de ocio. La vida se vuelve unidimensional, definida únicamente por el trabajo.

Reconocer los signos de la adicción al trabajo puede ser difícil, especialmente en sociedades que celebran el "ajetreo" y menosprecian el tiempo de inactividad. Sin embargo, hay algunos síntomas cardinales: sentirse ansioso o culpable cuando no se trabaja, descuidar otros aspectos de la vida o tener pensamientos incesantes sobre el trabajo durante las horas libres. Si dedicar tiempo al descanso le resulta incómodo o incluso imposible, es hora de dar un paso atrás y evaluar la situación.

Es esencial tomar conciencia de las motivaciones que llevan a trabajar en exceso. A menudo, no se trata del trabajo en sí, sino de lo que el trabajo representa: control, seguridad o estima. Obsesionarse con las evaluaciones de rendimiento, los ascensos o las comparaciones entre compañeros son señales de alarma que indican que su identidad puede estar demasiado entrelazada con los logros profesionales.

¿Cómo, entonces, empieza uno a desvincular la autoestima del trabajo? Empieza por la introspección. Reflexiona sobre lo que buscas en tu trabajo y sientes que te falta en otras partes de tu vida. Al comprender estos impulsos emocionales, puede iniciar el camino hacia unos hábitos de trabajo y una percepción de sí mismo más saludables.

Es fundamental establecer límites. Esto puede implicar establecer un horario de trabajo realista, tomar descansos regulares y cultivar intereses fuera del trabajo. Asegurarse de que el trabajo no consume todos los aspectos de la vida es vital. Recuerde que su trabajo es lo que hace, no lo que es.

Al igual que con la superación de cualquier comportamiento adictivo, el apoyo es clave. Encontrar una comunidad o un terapeuta con experiencia en codependencia puede ayudar a proporcionar las herramientas y el estímulo necesarios para navegar por este cambio. Pueden ofrecer una valiosa perspectiva externa y recordarle su valor inherente, independientemente de sus logros profesionales.

También es fundamental practicar la autocompasión durante este proceso. Cambiar los hábitos de toda una vida puede ser desalentador, y los contratiempos forman parte del camino. Ser amable con uno mismo, reconocer los progresos y comprender que el valor de uno mismo no depende de la perfección, sino del esfuerzo y el crecimiento.

Además, redefinir el éxito en sus propios términos es un ejercicio liberador. El éxito no tiene por qué significar subir la escalera corporativa a toda costa; podría tratarse del equilibrio, la satisfacción y la capacidad de estar presente con los seres queridos. Tú tienes el poder de decidir qué es lo que más te importa.

Invertir en el desarrollo personal y disfrutar aprendiendo también puede aliviar las presiones del rendimiento. Céntrese en adquirir conocimientos y habilidades por el mero placer de crecer, no sólo por un ascenso o un reconocimiento. Este cambio puede ayudarle a redefinir su relación con el trabajo. Al final de la vida, no serán las horas pasadas en la oficina las que recuerdes con cariño. Serán las relaciones que has cultivado, las experiencias que has vivido y la persona en la que te has convertido. No permita que la adicción al trabajo y las presiones del rendimiento le roben estos tesoros irremplazables.

Al aportar todo su ser al trabajo, pero sin dejar que éste defina su valía, puede liberarse de las presiones del rendimiento y la adicción al trabajo. Una carrera significativa es sólo una parte de una vida rica y polifacética. Honra esa complejidad y descubrirás una sensación de plenitud que trasciende cualquier puesto de trabajo o categoría salarial.

Crear relaciones profesionales equilibradas Has estado trabajando duro, reflexionando sobre quién eres y por qué tejes los patrones que tejes. Ahora vamos a llevar esa conciencia al lugar de trabajo. En entornos profesionales, las líneas pueden volverse increíblemente borrosas. La exigencia de un alto rendimiento a veces puede empujarte hacia comportamientos codependientes, sobre todo cuando hay mucho en juego. No se trata sólo de hacer bien tu trabajo; se trata también de crear un espacio de trabajo en el que todos se sientan respetados y autónomos, incluido tú.

Salir de las sombras

No podemos hablar de equilibrio sin hablar de límites. Los límites en el lugar de trabajo son tus líneas de poder personales, que definen dónde terminas tú y dónde empiezan los demás. Elabórelos con cuidado. Esto no significa levantar muros o no estar disponible; significa conocer tus límites y darlos a conocer respetuosamente, manteniendo tu energía, entusiasmo e integridad. Unos límites claros ayudan a evitar que el resentimiento se filtre en sus interacciones cotidianas.

Piense en su estilo de comunicación actual en el trabajo. ¿Es abierto y asertivo, o se encuentra diciendo "sí" cuando todo en usted grita "no"? Es importante que comuniques tus necesidades y preocupaciones con sinceridad, sin avasallar a los demás o, por el contrario, dejando que los demás marquen la agenda. La asertividad no es agresividad; es el camino dorado del medio que respeta tu voz y la de los demás.

La delegación es un baile de confianza. Si estás acostumbrado a asumir más de lo que te corresponde para asegurarte de que las cosas "se hacen bien", da un paso atrás. Confía en tus compañeros para que asuman sus responsabilidades. Al dar un paso atrás, permites que otros den un paso adelante, y así es como los equipos se hacen más fuertes. Se trata de renunciar a la idea de que tienes que ser el eje que lo mantiene todo unido. Se trata de respetar el talento y las capacidades de los que te rodean. En lugar de temerla como una crítica potencial, considérela una oportunidad de crecimiento. Acéptala, examínala y quédate con lo que sea útil. Recuerda que los comentarios no miden tu valía, sino tu trabajo y cómo puede mejorar. Lo mismo se aplica a la hora de dar tu opinión. La igualdad empieza por el respeto mutuo. Tratar y considerar a todos como parte integrante del equipo, independientemente de su cargo, fomenta un entorno de inversión colectiva. Cuando las personas se sienten valoradas, contribuyen con más entusiasmo. Es una sinergia que puede elevar no sólo los proyectos, sino todo el ambiente del lugar de trabajo.

Recuerde que está bien necesitar ayuda. Necesitar ayuda no es un signo de debilidad; es un signo de ser humano. Sin embargo, asegúrese de que no es sólo una repetición de la dependencia bajo un nombre diferente. Pedir ayuda debe significar colaborar, no abdicar; aprender, no apoyarse demasiado en los demás.

También es esencial saber cuándo parar. En nuestra sobrecargada y siempre activa cultura laboral, es fácil caer en patrones de compromiso excesivo. Los límites entre dedicación y dependencia se difuminan. Establece un final claro para tu jornada laboral y cíñete a él. El tiempo libre es sagrado, una parte necesaria del día para recargar las pilas y vivir la vida fuera de la descripción de su trabajo.

Las relaciones profesionales deben alimentar su crecimiento, creatividad y sentido de propósito. Anime y celebre los éxitos de sus colegas como lo haría con los suyos propios; sus victorias no descartan sus propias contribuciones. Cultive una cultura de apoyo, no de competencia. Mientras que la competencia puede aislar, el apoyo tiende puentes y refuerza la sensación de que todos trabajamos por algo más grande que nosotros mismos. Mantenga una relación social sana con sus colegas y dentro de unos límites que protejan su espacio personal. Es estupendo fomentar las relaciones cordiales, pero no deben ir en detrimento de tu vida privada o tu paz interior.

Nutrir la resiliencia. Ante los contratiempos, busca soluciones en lugar de darle vueltas al problema o asumir la culpa. La capacidad de recuperarse de las dificultades es esencial para mantener el equilibrio en las relaciones laborales, al igual que en las personales. La resiliencia le ayuda a encontrar alternativas y a comprender que los fracasos no son el final, sino puntos de inflexión para nuevos comienzos.

Salir de las sombras

Practique la presencia en sus interacciones. La atención plena no es sólo para los cojines de meditación; llévela a las reuniones, a la toma de decisiones y a la fijación de objetivos. Esta conciencia de momento a momento le ayudará a detectar los hábitos codependientes en cuanto surjan y le proporcionará el espacio necesario para elegir una respuesta más equilibrada.

Abrace el cambio. El lugar de trabajo es un ecosistema en constante evolución. Los proyectos cambian, los equipos se reorganizan, los objetivos se reevalúan. Si te dejas llevar por estas olas, te volverás adaptable, una cualidad crucial para unas relaciones profesionales equilibradas. El cambio no es una amenaza para su papel, sino una invitación a crecer y redefinirlo.

Por último, celebre sus victorias e hitos, no sólo los grandes, sino todas las pequeñas victorias del camino. Reconoce tu parte en el tapiz de los esfuerzos del equipo—hacerlo refuerza tu sentido de valor y pertenencia. El equilibrio no es un punto fijo; es un proceso continuo de recalibración. Tu papel es vital, pero es uno más dentro de una constelación de papeles igualmente vitales.

Al terminar esta sección, tómate un momento para reflexionar. ¿Cómo puede poner en práctica estas ideas? Empiece poco a poco, con un cambio cada vez. Quizá sea tan sencillo como decidir desconectar por completo cuando termine tu jornada laboral o planificar una conversación sobre límites con tu supervisor. Honra tu trayectoria profesional como parte de tu crecimiento más amplio, un paisaje en el que puedes florecer, no sólo funcionar. Por encontrar y fomentar el equilibrio en cada correo electrónico que envíes, en cada proyecto que emprendas y en todas las funciones que desempeñes. Recuerda, tu valor es inmenso y tu capacidad de equilibrio, ilimitada.

Capítulo 14:
El papel de la terapia en la superación de la codependencia

Al pasar la página de la exploración de la dinámica del lugar de trabajo, está claro que desatar los nudos de la codependencia es un viaje— uno que a menudo requiere un compañero de viaje experimentado en forma de terapia. La terapia no consiste sólo en tener a alguien con quien hablar; se trata de encontrar ese oído entrenado que pueda ayudarte a escuchar tus propios patrones, tu propia historia, de una forma que empiece a hacer que el laberinto sea menos desconcertante. Imagina que pelas una cebolla, capa por capa, y cada corte te escuece, pero también te acerca a la verdad esencial de tu ser. Así puede ser la terapia cuando se aborda la codependencia. Es ese espacio en el que se te guía suavemente para que te enfrentes a la música de tu propio corazón y tus hábitos, aprendiendo a bailar a un ritmo sano y verdaderamente tuyo. Con la ayuda de un terapeuta, puedes navegar por el tormentoso clima del enredo emocional y emerger con una brújula que apunta al verdadero Norte: conexiones sólidas y afectuosas contigo mismo y con los demás, que honran tu independencia sin perder la riqueza de las relaciones cercanas.

Terapia Individual vs. Terapia de Grupo – Elegir el enfoque terapéutico apropiado para abordar la codependencia puede sentirse como navegar por un laberinto con el corazón en la manga. Anhelas un cambio, buscas claridad y, esencialmente, buscas un camino que te saque de la maraña de patrones codependientes. La terapia individual y

Salir de las sombras

la terapia de grupo son dos pilares dentro del proceso de curación, cada uno con sus propios puntos fuertes, y a menudo es el entrelazamiento de ambos lo que da lugar a una vida más rica y consciente de uno mismo. Explorémoslos.

La terapia individual es su refugio personal. Es el espacio donde la atención se centra exclusivamente en ti—tus pensamientos, tus sentimientos, tus comportamientos. Esta interacción individual con un terapeuta proporciona un entorno confidencial y seguro en el que puedes desvelar las intrincadas capas de tu codependencia. En el capullo de la terapia individual, se permite el lujo de disponer de tiempo para ahondar en los matices de su historia personal.

Con la orientación de un terapeuta, puede volver a examinar los orígenes de sus rasgos codependientes. Tal vez estén arraigados en la infancia, donde empezaron a brotar las semillas de las necesidades insatisfechas. A través de una serie de conversaciones regulares y en profundidad, la terapia individual tiene como objetivo ayudarle a desenredar los hilos de sus experiencias pasadas y cómo se entretejen firmemente en el tejido de sus relaciones actuales.

La terapia de grupo, por otro lado, es una experiencia colectiva. Se trata de estar en un espacio donde otros se hacen eco de partes de tu viaje. Hay algo que valida profundamente el escuchar a otros expresar sentimientos o luchas que resuenan con las tuyas. Te das cuenta de que no estás solo, y eso es un componente poderoso en el proceso de curación.

En las sesiones de grupo, eres testigo de las luchas y triunfos compartidos de los demás. Cada historia se convierte en un espejo que refleja trozos de tu propia vida, proporcionando una perspectiva multidimensional de la codependencia. La curación en un grupo puede parecer una danza entre la visión individual y la sabiduría colectiva, ya que no sólo aprendes de tus propias reflexiones, sino también de las diversas experiencias de tus compañeros.

Sin embargo, elegir entre estas dos formas de terapia no es una decisión sencilla; es algo profundamente personal. Se trata de dónde te encuentras en tu viaje y qué entorno te hace sentir más apoyado para crecer y aprender. Algunos encuentran consuelo en la atención exclusiva de una sesión individual, mientras que otros prosperan en la interacción dinámica y la camaradería de la terapia de grupo.

La terapia individual le permite un enfoque personalizado para la curación. Su terapeuta puede elaborar sesiones de terapia y técnicas diseñadas específicamente para su codependencia. Esto podría ir desde la exploración de los sistemas familiares, la identificación y el procesamiento de las emociones, a la enseñanza de técnicas de autocalmado que se adaptan a sus patrones específicos de comportamiento.

En cambio, la terapia de grupo ofrece la rara oportunidad de practicar nuevas formas saludables de relacionarse con los demás en tiempo real. La dinámica social presente en el grupo puede convertirse en un terreno de práctica para establecer límites, expresar necesidades y practicar la vulnerabilidad, habilidades que a menudo están poco desarrolladas en las personas codependientes.

No se puede exagerar la importancia de la compatibilidad con un formato de terapia. Si la idea de compartir sus sentimientos más íntimos con un grupo le hace reticente, entonces la terapia individual podría ofrecerle la intimidad que necesita para abrirse. Pero si el aislamiento es su batalla y lo que busca es conexión, entonces un entorno de terapia de grupo podría proporcionarle comodidad y un sentimiento de pertenencia.

Ahora, hablemos del coste, ya que es un aspecto pragmático que a menudo influye en esta elección. Por lo general, la terapia individual tiende a ser más cara que la terapia de grupo debido a la atención dedicada que se recibe. Sin embargo, muchos descubren que la inversión da sus frutos en forma de crecimiento personal acelerado e introspección.

Salir de las sombras

La terapia de grupo suele ser más rentable y los planes de seguro pueden cubrir más sesiones. La accesibilidad financiera puede hacer posible asistir a terapia a largo plazo, lo que a menudo es necesario cuando se atraviesan las profundidades de la codependencia.

Más allá de lo financiero, la decisión también puede verse influida por el flujo y reflujo de su viaje de curación. Puede que empiece con una terapia individual para generar confianza y comprender sus patrones antes de aventurarse en un entorno de grupo. O puede que la terapia de grupo despierte una conciencia que le impulse a buscar sesiones individuales para una exploración más profunda.

Entonces, ¿cómo se decide? Recuerde que no hay una respuesta correcta o incorrecta. El mejor curso de acción suele ser consultar con un profesional de la salud mental que entienda las complejidades de la codependencia. Para algunos, el camino definitivo hacia la recuperación puede entrelazarse con terapias individuales y de grupo a lo largo del tiempo. Aunque una no es intrínsecamente mejor que la otra, cada una tiene el potencial de ser profundamente impactante en diferentes etapas de su viaje de curación.

Reconozca que la terapia no es una solución única para todos; es un proceso profundamente individualizado. Confía en tu intuición, considera tus niveles de comodidad y ten en cuenta cómo te conectas y reflejas mejor. A veces nuestro camino hacia la curación necesita la serena soledad del trabajo individual, y en otros momentos, el latido colectivo de un grupo puede hacernos avanzar.

Recuerda, el viaje para superar la codependencia es un camino de descubrimiento y crecimiento. Ya sea en el tranquilo santuario de la consulta de un terapeuta individual o en el espacio compartido de la terapia de grupo, cada paso adelante es un paso hacia un yo más equilibrado, consciente y autónomo. Anímate sabiendo que con cada elección hecha a favor de tu bienestar, estás transformando la narrativa de tu vida—una sesión a la vez.

Terapias alternativas y prácticas de apoyo pueden abrir nuevas puertas a la comprensión y curación de la codependencia. Vamos más allá de la terapia convencional, explorando el potencial transformador de los métodos holísticos. Estos enfoques no sustituyen a la terapia tradicional, pero pueden mejorar significativamente el viaje de curación, especialmente cuando nos sentimos atascados o anhelamos un cambio más profundo.

Consideremos la práctica de la atención plena, una poderosa herramienta para el autodescubrimiento y la regulación emocional. En la agonía de la codependencia, nuestros pensamientos a menudo corren desenfrenados, enredados en preocupaciones sobre lo que piensan los demás o cómo complacerlos. La atención plena nos devuelve al presente, donde podemos observar nuestros pensamientos sin juzgarlos. Esta ecuanimidad puede ser profundamente liberadora, ya que nos permite desatar los nudos de la atención compulsiva y la responsabilidad excesiva.

La terapia de artes expresivas es otra vía que ha demostrado una eficacia notable. Ya sea a través de la pintura, la música, la escritura o la danza, la expresión creativa proporciona una salida para las emociones que pueden ser tan difíciles de articular. No se trata de crear algo "presentable", sino más bien del proceso de dejar que el mundo interior fluya hacia el exterior, para ver e interactuar de forma tangible con los sentimientos de una manera nueva y esclarecedora.

El poder curativo de la naturaleza, que a menudo se pasa por alto, es esencial para nuestro bienestar. La ecoterapia, o terapia de la naturaleza, nos anima a reconectar con la Tierra, aprovechando los aspectos terapéuticos del mundo natural. Imaginemos la paz que produce un tranquilo paseo por el bosque, lejos del incesante zumbido de la tecnología y las exigencias de los demás. Esta tranquilidad puede inducir a la mente a un estado de reposo, haciendo una pausa en los patrones habituales de codependencia.

Salir de las sombras

El yoga también es mucho más que posturas físicas; es un ejercicio de respiración consciente y presencia meditativa, que nos enraíza en nuestros cuerpos. Arraigado en prácticas ancestrales, el yoga puede enseñarnos límites, a comprender dónde están nuestros límites físicos y emocionales y a respetarlos. Esta autoestima puede ser una experiencia reveladora para alguien que ha estado enredado en relaciones codependientes.

Aromaterapia y *reflexología* pueden parecer lujos relajantes, pero se basan en el concepto de autocuidado. Estas prácticas, que fomentan la relajación a través de los sentidos, reconocen que merecemos sentirnos cómodos y cuidados sin tener que ganárnoslo cuidando de los demás. Es en estos momentos tranquilos de autocuidado cuando podemos interiorizar el sentimiento de merecer y ser dignos.

La equinoterapia es una forma única de terapia experiencial que se involucra con los caballos para promover el crecimiento emocional. Es poderosa porque refleja nuestros patrones relacionales, ofreciendo una retroalimentación inmediata a través de nuestras interacciones con estos animales sensibles. A través del cuidado y la comprensión de un caballo, a menudo podemos vislumbrar la belleza de la comunicación no verbal y el respeto mutuo— conceptos clave para superar los comportamientos codependientes.

Los grupos de apoyo entre iguales tienen una energía diferente a la terapia individual. Ofrecen una comunidad de comprensión y experiencias compartidas. Mientras navegamos por el camino que nos aleja de la codependencia, la camaradería que se encuentra en estos grupos nos reafirma en que no estamos solos en nuestras luchas. La sabiduría colectiva de los compañeros que "lo entienden" puede ser tan curativa como la orientación profesional.

Considere el papel de la nutrición y el bienestar físico— a menudo ignorados cuando estamos absortos en las necesidades de los demás. Nuestras elecciones dietéticas y hábitos de ejercicio afectan directamente a nuestra salud mental. Un cuerpo nutrido favorece una mente nutrida, y el fortalecimiento de uno fortalece al otro. Esta conexión pone de manifiesto la importancia de cuidar de nuestro cuerpo, no como algo secundario, sino como una parte vital de nuestro proceso de curación.

El trabajo energético, como el Reiki o el qigong, puede ser tachado por algunos de demasiado esotérico, pero para quienes están abiertos a él, estas prácticas fomentan el equilibrio y la armonía interior. Al trabajar con las energías sutiles del cuerpo, estas modalidades nos animan a sintonizar con un ritmo interior, a menudo ahogado por el ruido de las dinámicas codependientes. Comprender nuestra energía puede llevarnos a un reconocimiento más profundo de nuestras necesidades y nuestro espacio personal.

Por último, la sencilla pero profunda práctica de la gratitud puede cambiar nuestro enfoque de lo que nos falta o deseamos, a lo que ya poseemos. Al reconocer y apreciar lo bueno que hay en nuestras vidas, fomentamos una sensación de abundancia que puede reducir la compulsión de buscar validación en el exterior. Integrar un ritual de gratitud diario puede afectar profundamente a nuestra visión del mundo, iluminando un camino que nos aleje de los patrones codependientes.

Recuerda, el viaje de cada persona es único, y lo que funciona para uno puede no resonar con otro. Se trata de encontrar las herramientas que apoyen tu camino individual hacia la curación. El objetivo no es evitar por completo la terapia tradicional, sino abrazar un espectro más amplio de posibilidades de curación.

Mientras explora estas terapias alternativas y prácticas de apoyo, mantenga la mente y el corazón abiertos. La curación no es lineal, y a veces los caminos menos convencionales nos llevan a las realizaciones más profundas. Reconozca su valentía al buscar y probar estos diferentes modos de curación—cada paso es un acto de valentía y amor propio.

Aproveche estas prácticas como una forma no sólo de manejar la codependencia, sino de realmente prosperar más allá de ella. El objetivo final no es sólo sobrevivir sin tendencias codependientes, sino descubrir una relación más rica contigo mismo y con el mundo. Imagina una vida en la que tu preocupación por los demás provenga de un corazón pleno y feliz, en lugar de un sentimiento de obligación o miedo.

Recuerda que no estás solo en este viaje. Estas prácticas de apoyo son herramientas, comunidades y santuarios que esperan abrazarte mientras te transformas. Proporcionan un marco suave pero firme para liberarse de lo viejo y adoptar formas de ser nuevas y más sanas. Cada vez que se involucra en estas terapias alternativas, reafirma su compromiso con el crecimiento y el bienestar.

Ahora, a medida que entreteje estas prácticas en el tejido de su vida, no olvidemos la importancia de mantener el progreso que ha hecho— en el próximo capítulo, exploraremos cómo mantener los cambios por los que ha trabajado tan duro y evitar que resurjan los viejos hábitos. Porque, al fin y al cabo, el viaje que estás haciendo es tuyo y estás escribiendo la historia de nuevo cada día.

Capítulo 15: Mantener el progreso y prevenir las recaídas

Una vez que haya comenzado a desenredar los nudos de la codependencia, aferrarse a su nueva libertad se convierte en una práctica diaria. Una cosa es salir de las sombras y otra muy distinta es caminar sin miedo a la luz, día tras día. Mantener el progreso es una delicada danza de conciencia, gracia y coraje. Cada día, puede que te enfrentes a patrones familiares que pican por hacerte retroceder, pero he aquí la cuestión: ahora estás equipado con un cinturón de herramientas, rebosante de estrategias y sabiduría. Piensa en la prevención de las recaídas no como una feroz batalla contra viejos enemigos, sino como un cuidado de tu yo en evolución. Integremos cambios en el estilo de vida que encajen con la fuerza auténtica y respetuosa con los límites en la que te estás convirtiendo. Da prioridad al autocuidado, disfruta de actividades saludables que anclen tu espíritu y apóyate en almas que te apoyen cuando soplen con fuerza los vientos de los viejos hábitos. Ten en cuenta que no pasa nada por tropezar; cada contratiempo no es más que una preparación para volver. Con los ojos bien abiertos a la belleza de tu viaje, estabiliza tu paso y confía en tu continua evolución. Juntos, no sólo sobrevivimos a la codependencia, sino que prosperamos más allá de su alcance.

La Importancia del Apoyo Continuo A medida que hemos viajado juntos explorando las complejidades de la codependencia, desde sus raíces hasta las muchas formas en que se manifiesta en nuestras vidas - ya sea a través de relaciones o luchas individuales - se ha vuelto muy claro que la curación no es un evento de una sola vez. Al igual que con cualquier cambio significativo en el estilo de vida, la transformación de los patrones codependientes requiere un apoyo continuo y permanente. Y eso es en lo que nos vamos a sumergir en este capítulo.

Imagina por un momento tu viaje hacia la superación de la codependencia como el cuidado de un jardín. Has hecho el duro trabajo de arrancar las malas hierbas: los hábitos y pensamientos destructivos que sofocan tu crecimiento. Pero cualquier jardinero experimentado sabe que cuidar un jardín es un proceso constante. Lo mismo ocurre con nuestro crecimiento personal. Se trata de nutrir, proteger y fomentar continuamente nuevos brotes. Aquí es donde el apoyo continuo desempeña un papel vital. Puede ser un amigo de confianza que entienda tu viaje, un grupo de apoyo de personas que comparten experiencias similares o un consejero que te guíe durante el proceso. Estas fuentes de apoyo se asemejan a un enrejado, proporcionando la estructura alrededor de la cual tu yo en crecimiento puede florecer con seguridad.

Pero, ¿por qué exactamente es tan crucial este apoyo continuo? Bueno, porque la vida no deja de presentarnos desafíos, y los viejos desencadenantes pueden volver a visitarnos, incluso cuando pensamos que los hemos superado. Mantener el apoyo garantiza que no se enfrente solo a estos desafíos que vuelven a surgir, y le proporciona una piedra de toque para permanecer anclado en sus nuevos y más saludables patrones de conducta.

Sin un apoyo continuo, las tensiones de la vida pueden desdibujar las líneas del progreso, haciendo que sea fácil volver a caer en viejos y reconfortantes patrones que ya no nos sirven. Es como la memoria muscular - a veces, sin darnos cuenta, volvemos a lo que siempre hemos conocido cuando no estamos practicando activamente nuevos comportamientos.

Además de prevenir la recaída en comportamientos codependientes, el apoyo continuo ofrece la oportunidad de seguir aprendiendo. A medida que evolucione, descubrirá capas más profundas de su codependencia, y tener un sistema de apoyo proporciona un espacio seguro para explorar y comprender estos aspectos.

El apoyo continuo también crea responsabilidad. Seamos realistas; hacer cambios es difícil, y es aún más difícil cuando tratamos de hacerlo solos. A veces, necesitamos que alguien nos obligue con suavidad (o con firmeza) a cumplir nuestro compromiso de cambio. Saber que otra persona está involucrada en nuestro viaje puede ser increíblemente motivador.

No olvidemos que la curación es a menudo no lineal. Habrá retrocesos y mesetas, momentos en los que sentirás que no estás progresando en absoluto. En esos momentos, un sistema de apoyo puede ofrecerte perspectiva, recordarte lo lejos que has llegado y animarte a seguir adelante.

Y del mismo modo que necesitas apoyo continuo, también tienes la oportunidad de ofrecérselo a los demás. La experiencia de compartir tu viaje y apoyar a otra persona es increíblemente enriquecedora. Tiene el efecto mágico de reforzar tu propio crecimiento a medida que transmites la sabiduría que has acumulado por el camino.

Los grupos de apoyo, en concreto, proporcionan el aspecto comunitario que es tan vital para las personas que están superando la codependencia. Ofrecen un sentido de pertenencia y un recordatorio de que no estás solo en este viaje. En estos grupos, se comparten experiencias y estrategias de afrontamiento, no sólo desde la perspectiva de un libro de texto, sino desde la experiencia real y vivida de cada miembro.

Las plataformas en línea también pueden ser una importante fuente de apoyo, especialmente en nuestra actual era digital. Proporcionan flexibilidad y accesibilidad que pueden ser cruciales para aquellos que no tienen acceso a grupos locales o que se sienten más cómodos participando desde la privacidad de su hogar.

Mientras continúas navegando por tu vida libre de las garras de la codependencia, recuerda que las relaciones de ayuda no son sólo un medio para un fin - son parte de tu rutina de autocuidado. Al igual que comer bien y hacer ejercicio, el fomento de estas conexiones es parte del mantenimiento de su bienestar mental y emocional.

Y hablando de autocuidado, su sistema de apoyo continuo puede ayudarle a mantenerse comprometido con las prácticas saludables de autocuidado que ha desarrollado. A veces, una palabra amable o una actividad compartida pueden ser la diferencia entre el auto-descuido y la elección de actividades que nutren todo tu ser.

Por último, recuerda que el apoyo continuo no es una muleta; es un catalizador para el crecimiento sostenido. Cuanto más te apoyes en tu sistema de apoyo, más fuerte te harás y más preparado estarás para manejar las complejidades de la vida con gracia y resistencia.

A medida que avanzamos, ten en cuenta que el apoyo continuo no es una admisión de debilidad; es una declaración de fortaleza. Es comprender que ser humano es necesitar a los demás, y que curarse es permitirse el espacio para seguir creciendo, aprendiendo y prosperando, con el apoyo de aquellos que comprenden nuestro viaje.

Para seguir adelante, recuerda que el apoyo continuo no es una admisión de debilidad; es una declaración de fortaleza.

Cambios en el Estilo de Vida y Hábitos Saludables Mientras hemos estado viajando juntos a través de las complejidades de la codependencia, ha quedado claro lo profundamente que nuestros hábitos diarios están entretejidos en el tejido de nuestras relaciones. Al igual que un solo hilo puede alterar el patrón de un tapiz, pequeños cambios en nuestro estilo de vida pueden remodelar profundamente los contornos de nuestras vidas.

Emprender el camino hacia unos hábitos más saludables puede parecer desalentador, así que empecemos por reconocer que el cambio no se produce de la noche a la mañana. Se trata de progresar poco a poco, dirigiendo suavemente el barco en una nueva dirección. Piensa en el reconfortante ritmo de los rituales: el paseo matutino, el diario vespertino, el encuentro semanal con un amigo. Estos hábitos no sólo llenan nuestro tiempo, sino que anclan nuestras almas en el momento presente. Echa un vistazo largo y cariñoso a tus rutinas. ¿Cuáles contribuyen a tu bienestar? Y, lo que es aún más importante, ¿cuáles sirven a la codependencia que acecha en los rincones de tu vida? La conciencia es el primer paso hacia la transformación, y es en este espacio de reconocimiento donde podemos establecer intenciones de cambio.

Luego viene la nutrición, no sólo en los alimentos que comemos, sino en los pensamientos que consumimos y la compañía que mantenemos. ¿Te alimentas con amabilidad, risas cálidas y palabras edificantes? Asegurarnos de que nuestra propia copa está llena es fundamental; sólo cuando estamos nutridos podemos apoyar a los demás sin perdernos a nosotros mismos.

Dormir puede parecer una necesidad básica, pero a menudo es la primera víctima de una vida codependiente. Es la base de una mentalidad sana, que permite a nuestro cerebro procesar emociones y experiencias. Dar prioridad al descanso es un acto de autoestima, que indica a nuestro subconsciente que somos merecedores de paz y tranquilidad.

Salir de las sombras

Y hablemos de movimiento. Nuestros cuerpos están diseñados para estar en movimiento, y cuando somos sedentarios no sólo nos estancamos físicamente, sino que también ahogamos nuestra energía emocional. Ya sea en una clase de baile, nadando o caminando a paso ligero, el movimiento puede desatar los nudos más apretados del tapiz de nuestra psique.

Crear límites es también un tipo de cambio vital, que reverbera en nuestras interacciones. Estas líneas invisibles no son muros para mantener el mundo fuera, sino que definen el espacio sagrado donde empieza y termina nuestra autonomía. Empiece con algo pequeño; un límite puede ser tan sencillo como apagar el correo electrónico del trabajo después de las 6 de la tarde.

La moderación con las sustancias, ya sea la cafeína o el alcohol, es otro hábito saludable que puede estabilizar nuestro estado de ánimo y disminuir la dependencia, reforzando la autonomía. Ten cuidado con las tendencias a adormecer o evitar las emociones a través de sustancias y, en su lugar, enfréntate a ellas de frente con claridad.

En el arte de la conexión, fomentar la comunidad más allá de nuestras relaciones inmediatas es clave. Cuando nuestro mundo gira en torno a una sola persona o a un grupo muy unido, es fácil perder la perspectiva. Al ampliar nuestros horizontes y cultivar una comunidad más amplia, podemos amortiguar el peso de los vínculos de codependencia.

La independencia financiera es un aspecto fundamental de la autoagencia. El dinero a menudo nos enreda en dinámicas de poder que alimentan los patrones codependientes. Empodérate estableciendo un presupuesto, ahorrando, gastando con prudencia y aprendiendo sobre finanzas personales. La autonomía económica puede fortalecer su sentido de sí mismo y reducir la dependencia de los demás para la seguridad.

Considere también el ritmo de la soledad— abrazar los momentos a solas y verlos como oportunidades para volver a conectar con nosotros mismos. La soledad es diferente de la soledad; es un silencio elegido y nutritivo que resuena con el autodescubrimiento. Llena estos momentos con actividades que te celebren; lee, pinta, medita.

Los hábitos de comunicación también exigen nuestra atención. Practica la expresión de pensamientos y sentimientos de forma directa y abierta, lo que fomenta las relaciones honestas y disminuye la necesidad de interacciones codependientes nacidas de la incomprensión o el silencio.

Aprender a decir no es un hábito poderoso. No es un signo de agresividad, sino una señal de la evolución de tu autoestima. Cada "no" a los demás puede ser un "sí" a tu bienestar y un paso hacia una diferenciación saludable.

La gratitud puede transformar tu perspectiva. Al centrarte en lo que tienes, no en lo que te falta o temes perder, cultivas una mentalidad de abundancia. Esto ayuda a romper el ciclo del comportamiento codependiente que tiende a centrarse en el otro, fomentando la independencia y la satisfacción.

Por último, la expresión creativa es esencial. Es una forma de canalizar las emociones y experiencias en algo tangible, lo que permite liberar los sentimientos reprimidos que a menudo se mantienen en silencio dentro de la dinámica codependiente.

Integrar estos hábitos saludables en su vida es como plantar semillas en un jardín. Con tiempo, atención y cuidado, verás surgir una vida en la que la codependencia tiene menos control y tú te encuentras en la plenitud de tu individualidad, conectado pero no entrelazado, apoyado pero no asfixiado. Después de todo, ¿acaso el viaje no consiste en encontrar el espacio en el que cada uno de nosotros pueda florecer, de forma única y hermosa?

Conclusión

Al llegar al final de nuestro viaje a través de las páginas de este libro, es hora de hacer una pausa y reflexionar sobre los caminos que hemos recorrido juntos. Hemos buceado profundamente en el corazón de la codependencia, desenredando sus complejas redes y arrojando luz sobre los rincones ensombrecidos. Ahora, con nuevos conocimientos y autoconciencia, está en nuestra mano reescribir las historias de nuestras vidas.

El cambio no sólo es posible; está a nuestro alcance. Recuerda que los pasos que des no tienen por qué ser enormes. Ya sean pequeños cambios o grandes zancadas, cada uno de ellos te acerca a un lugar en el que el amor propio y la autonomía coexisten con unas relaciones sanas y equilibradas. Está bien tropezar, siempre y cuando te levantes cada vez con un sentido más fuerte de quién eres y en quién quieres convertirte.

Reconocer los patrones de codependencia es un acto de valentía. Requiere mirarse en el espejo de tu vida con la voluntad de cuestionar no sólo lo que se refleja, sino también por qué. Al hacerlo, has demostrado una valentía y un compromiso notables con tu crecimiento. Los conocimientos adquiridos desde la comprensión de tus enmarañadas raíces hasta la navegación por los desafíos modernos de la codependencia digital sientan una base sólida para la transformación.

Admitir que partes de nuestro carácter necesitan sanación es desalentador, pero es un paso crucial hacia la liberación. Tienes la fuerza para enfrentarte a estos retos. Has aprendido que las relaciones sanas equilibran el dar y el recibir, donde se respetan los límites y se valoran las necesidades individuales. Aprecie estas lecciones, ya que son las claves para abrir una existencia más rica y satisfactoria.

A medida que avance, recuerde equilibrar el trabajo solitario de la introspección con las experiencias compartidas de los grupos de apoyo y la terapia. Estas comunidades pueden ofrecer un espejo para su progreso, reflejando los cambios que se vuelven tan familiares que puede que no siempre los note usted mismo. Además, pueden ser un refugio seguro cuando las olas de los hábitos codependientes del pasado amenazan con arrastrarle de nuevo a la corriente.

Abrace el papel de la atención plena para mantener el equilibrio. Siga cultivando la conciencia de sí mismo y utilice las herramientas de transformación que se describen en el libro. La atención plena es tu ancla, te mantiene presente y centrado en tu viaje en lugar de perderte en las distracciones o los dolores del pasado.

La curación no es lineal. Es un rico tapiz tejido con hilos de contratiempos y éxitos. Celebra cada victoria, por pequeña que sea, y perdónate por los momentos en los que resurgen viejos patrones. Todo forma parte del proceso, y cada experiencia tiene un valor incalculable para tu crecimiento continuo.

El mundo cargado de tecnología en el que vivimos ofrece tanto retos como apoyo para superar la codependencia. Utiliza las conexiones digitales con cuidado, buscando comunidades y recursos en línea que eleven y fortalezcan tu determinación. Sin embargo, recuerde fomentar las conexiones en persona que alimenten su salud psicológica y emocional.

Sus relaciones profesionales y laborales a menudo reflejan y a veces exacerban las tendencias codependientes personales. Utiliza esto como una oportunidad para aplicar tu aprendizaje, creando relaciones profesionales más equilibradas y manteniéndote firme en tu autoestima. La autonomía y la resiliencia que cultives aquí se extenderán a todas las facetas de tu vida.

Lo más importante es que te aferres a la creencia de que eres un trabajo en curso, una obra maestra que se despliega con cada pincelada de esfuerzo que aplicas. La codependencia puede haber dado forma a partes de tu lienzo, pero los colores y contornos de tu futuro los eliges tú. Empodérate con el conocimiento de que cada día trae una oportunidad de pintar una nueva escena, una en la que tú eres la figura central, fuerte, clara y libre.

A medida que continúes creciendo y cambiando, el mantenimiento de tu progreso requerirá un esfuerzo consciente. Incorpora los hábitos saludables comentados, mantente conectado a tus sistemas de apoyo y nunca dudes en tender la mano cuando necesites ayuda. La recuperación, después de todo, no es un testimonio de autosuficiencia; es una celebración de conexión, aprendizaje y ayuda mutua.

Recuerde que la recuperación no es un destino final; es un viaje continuo. No tiene por qué precipitarse ni esforzarse demasiado; siga avanzando. Y cuando mires atrás, maravíllate no de lo lejos que has llegado, sino de lo fuerte que te has hecho, de la libertad con la que amas y de las ganas con las que aceptas las complejidades de la vida.

Deja que las herramientas, historias y estrategias incluidas en este libro te acompañen y te guíen hacia una vida en la que te desenvuelvas en las relaciones con gracia y seguridad. Que cada página que has leído alimente tu determinación de vivir con autenticidad y propósito.

En conclusión, toma todo lo que has aprendido sobre la codependencia, sobre ti mismo, y da un paso hacia un futuro en el que seas el faro de tu propia vida. Aférrate a tu resiliencia. Su viaje puede haber comenzado con la búsqueda de la comprensión y el cambio de los comportamientos codependientes, pero se ha expandido para incluir mucho más: un descubrimiento de sí mismo, una recuperación de la libertad y una celebración de la interdependencia.

Es con esperanza y creencia en su potencial ilimitado que nos separamos en la página escrita, pero recuerde, el viaje continúa con cada aliento que toma y con cada elección que hace. Sé amable contigo mismo, respeta tu ritmo y confía en tu capacidad de cambio. Tu historia aún se está escribiendo, y el próximo capítulo es tuyo para que lo escribas con pasión, perspicacia y alegría.

Apéndice A: Recursos para la codependencia

Embarcarse en un viaje para desenredar la compleja red de la codependencia requiere valor, comprensión y, lo que es más importante, los recursos adecuados. Usted no está solo en esta búsqueda, y hay una gran cantidad de herramientas a su disposición no sólo para hacer frente a la codependencia, sino para prosperar en las secuelas de su comprensión y transformación.

Grupos de Apoyo y Comunidades

La comunidad puede ser una poderosa fuerza curativa. Somos seres sociales, y encontrar a otros que resuenen con nuestra experiencia puede transformar el camino del aislamiento a uno de progreso compartido. **Co-Dependientes Anónimos (CoDA)** ofrece una amplia red de reuniones locales donde se comparten historias y se forman líneas de vida. Con una estructura similar a la de otros programas de 12 pasos, CoDA tiene reuniones en todo el mundo. Su sitio web *CoDA.org*, es un centro de información sobre reuniones, literatura y conexión.

Si las reuniones en persona no son tu estilo, o las exigencias de la vida lo hacen difícil, las **Comunidades de Apoyo Online**, como *InTheRooms.com* o *DailyStrength.org* organizan reuniones y foros virtuales. Proporcionan la flexibilidad de buscar apoyo desde la comodidad de su espacio, a un ritmo que funcione para usted.

Terapia y asesoramiento

Para individualizar su proceso de curación, considere la **Terapia**. Plataformas como *PsychologyToday.com* le permiten buscar terapeutas especializados en codependencia. Además, sitios web como *BetterHelp.com* y *Talkspace.com* ofrecen opciones de terapia en línea asequibles y cómodas. Recuerde, está bien buscar un terapeuta con el que congenie; esta relación es esencial para su crecimiento.

Contenido Educativo y Talleres

Webinarios y Talleres son increíbles para profundizar en aspectos específicos de la codependencia. Organizaciones como *The Center for Healthy Relationships* organizan eventos que pueden iluminar la comprensión y proporcionar herramientas prácticas para el cambio.

Para aquellos ávidos de conocimiento, **Canales de YouTube y Podcasts** dedicados a la salud mental pueden ser un tesoro. Descubrirá que una simple búsqueda puede abrirle un mundo de contenido perspicaz, permitiéndole aprender en su tiempo libre.

Libros y Literatura

Una miríada de **Libros** están esperando para guiarle a través de las diversas dimensiones de la codependencia. Esenciales como "Codependent No More" de Melody Beattie no sólo proporcionan revelaciones sino también consejos prácticos. Para obtener una lista completa de lecturas imprescindibles, consulte el Apéndice C: Lecturas recomendadas y estudios adicionales para obtener sugerencias seleccionadas.

Libros de trabajo, como "The Codependency Workbook" de Krystal Mazzola, son prácticos y están diseñados de forma interactiva para invitar a la reflexión y al crecimiento personal. Estos recursos, llenos de ejercicios e indicaciones, ayudan a amplificar los descubrimientos que haces en este camino.

Grupos de redes sociales y foros en línea

Las redes sociales pueden ser un arma de doble filo, pero también son ricas en comunidades. En plataformas como Facebook o Reddit, encontrarás grupos de personas que comparten sus luchas y triunfos con la codependencia. Es una forma rápida de sentirse menos solo y obtener una dosis diaria de motivación y solidaridad.

Recuerda, se trata de progreso, no de perfección. Cada paso adelante, no importa el tamaño, es una victoria en el laberinto de la curación de la codependencia. Toma lo que necesites de estos recursos, y que sirvan como linternas que iluminen tu camino único hacia un futuro más brillante, autocompasivo y autónomo.

Apéndice B: Afirmaciones diarias e indicaciones para el diario

Embarcarse en el viaje para comprender y transformar el comportamiento codependiente es un esfuerzo profundamente personal y poderoso. Es un camino de reflexión, descubrimiento y, en última instancia, de crecimiento. Para ayudarte en este viaje, "Afirmaciones diarias e indicaciones para el diario" es una herramienta diseñada para fortalecer tu autoconocimiento y fomentar tu progreso. Utiliza estas afirmaciones e indicaciones para guiar tus pensamientos y sesiones de escritura, y observa cómo evoluciona tu relación contigo mismo y con los demás.

Afirmaciones diarias

Repetir afirmaciones puede ayudarte a reformar tus creencias y sentimientos sobre ti mismo. Comience o termine el día con estas afirmaciones, o recurra a ellas siempre que necesite un momento de conexión con la tierra.

- Soy digno de respeto y amor, tanto de mí mismo como de los demás.
- Mis sentimientos y necesidades son válidos e importantes.
- Suelto la necesidad de aprobación de los demás; mi autoaprobación es suficiente.

Salir de las sombras

- No me define mi pasado, sino la fuerza de mi carácter actual.
- Cada paso que doy hacia la independencia es una victoria que merece la pena celebrar.
- Soy capaz de imponer límites que protejan mi bienestar.
- Soltar no es rendirse; es abrir la puerta a nuevas posibilidades.
- Confío en mi capacidad para crear una vida equilibrada y plena.
- Soy más que suficiente, tal y como soy.

Pistas para el diario

El diario ofrece un espacio privado y contemplativo para explorar tu mundo interior. Puede ser una válvula de escape para las emociones, un espacio para procesar experiencias y un espejo que refleje tu crecimiento personal. Utiliza estas sugerencias siempre que necesites conectar contigo mismo.

1. Reflexiona sobre un momento en el que te hayas sentido fuerte esta semana. ¿Cuáles fueron las circunstancias y cómo respondió?
2. ¿Cuándo se siente más presionado para ganarse la aprobación de los demás y qué puede decirse a sí mismo en esos momentos?
3. Describa un límite que le cueste mantener. ¿Por qué supone un reto y cómo puede beneficiarle reafirmar este límite?
4. ¿Qué significa para usted la idea del autocuidado? Enumere algunas acciones que puede llevar a cabo para dar prioridad al autocuidado.

5. Identifique un patrón en sus relaciones que desee cambiar. ¿Cuál es un pequeño paso que puede dar para transformar este patrón?

6. ¿Cuáles son las tres cualidades que admira de usted mismo y por qué son importantes para usted?

7. Escriba sobre un momento en el que haya superado con éxito un impulso codependiente. ¿Cómo te sentiste después?

8. Imagina un día de tu vida con límites saludables. ¿Qué aspecto tiene y cómo se siente?

9. Explora el concepto del perdón, tanto hacia ti mismo como hacia los demás. ¿Cómo puede el perdón desempeñar un papel en su viaje de sanación?

Mantenga estas afirmaciones e indicaciones accesibles; están aquí para usted siempre que necesite un empujón para volver al camino del amor propio y el empoderamiento. Deja que sean un recordatorio diario de que estás avanzando, superando los momentos difíciles y celebrando cada paso que das hacia un yo más sano y unas relaciones más sanas.

Por favor, mantén estas afirmaciones e indicaciones accesibles; están aquí para ti siempre que necesites un empujón para volver al camino del amor propio y el empoderamiento.

Apéndice C:
Lecturas Recomendadas y Estudios Adicionales

Hemos hecho un gran viaje juntos, escarbando en los patrones que tejen la trama de la codependencia. Tal vez ahora anheles ampliar tus horizontes. El conocimiento da poder, y nunca se tiene demasiado. Por eso he reunido una selección de libros y recursos que creo que resonarán en usted y le ayudarán a profundizar su comprensión y su capacidad para fomentar el cambio por el que se está esforzando.

Cada uno de estos libros recomendados comparte perspectivas y estrategias únicas que pueden complementar lo que ya ha aprendido. Diversificar tus conocimientos puede ser increíblemente enriquecedor y abrirte las puertas a nuevas formas de pensar y de ser. Así que mantengamos el impulso para tu crecimiento personal, para tu transformación resiliente y para las relaciones que aprecias.

Libros para entender y tratar la codependencia

- *No más codependencia* de Melody Beattie - Piedra angular en el campo, este libro ofrece una visión completa de lo que significa vivir con codependencia y cómo navegar por sus desafíos.
- *El lenguaje de dejar ir* de Melody Beattie - Como complemento de su obra seminal, este libro de meditación

diaria proporciona consuelo y orientación para aquellos que buscan recuperarse de la codependencia.

- *El amor es una elección*, de Robert Hemfelt, Frank Minirth y Paul Meier - Esta perspicaz lectura profundiza en los orígenes psicológicos de la codependencia y ofrece un camino claro hacia la curación.

Ampliando el conocimiento de uno mismo y el crecimiento personal

- *Los dones de la imperfección* de Bren Brown - Abrace sus vulnerabilidades con la sabiduría de Brown y aprenda a vivir de todo corazón mientras supera los comportamientos codependientes.

- *Apegado* de Amir Levine y Rachel Heller - Mejore su comprensión de los estilos de apego y su papel en sus relaciones a través de esta reveladora exploración.

Curación y recuperación

- *Recuperarse de padres emocionalmente inmaduros* de Lindsay C. Gibson - Para cualquiera que se haya enfrentado a los retos de crecer con padres emocionalmente inaccesibles, este libro ofrece estrategias compasivas para la curación.

- *El cuerpo lleva la cuenta* de Bessel van der Kolk - Desvela el impacto del trauma en el cuerpo y la mente para comprender mejor su correlación con las tendencias codependientes.

Desarrollando relaciones sanas

1. *Límites* de Henry Cloud y John Townsend - Este libro proporciona una raíz bíblica para entender cómo y cuándo

decir no, y construir relaciones que sean sanas y respetuosas con los límites personales.

2. *Los 5 lenguajes del amor* de Gary Chapman - Explora las diferentes formas en que expresamos y recibimos el amor para mejorar la comunicación y forjar conexiones más fuertes.

Cada una de estas selecciones puede ofrecer una mina de oro de ideas, que seguramente iluminarán aún más tu camino. Tanto si exploras por tu cuenta como si lo haces en grupo, estos recursos pueden impulsar tu viaje hacia el autodescubrimiento y el autoempoderamiento. Recuerda que el trabajo que estás haciendo no sólo está cambiando tu vida, sino que está influyendo en las vidas de los que te rodean. Eso es poderoso. Tú eres poderoso. Así que sigue adelante, sigue creciendo y sigue pasando las páginas no sólo de estos libros, sino también de tu propia historia.

Capítulo 16:
Agradecimientos

Al cerrar las páginas de nuestra exploración del mundo de los comportamientos codependientes y el viaje hacia la curación, me encuentro reflexionando sobre las muchas personas que han apoyado e inspirado este trabajo. Los agradecimientos son un amable recordatorio de que, incluso en el proceso de superar la codependencia, somos en realidad un tapiz tejido a partir de una miríada de relaciones y encuentros, cada hilo significativo por derecho propio.

En primer lugar, quiero expresar mi más profunda gratitud a las almas valientes que han compartido sus historias conmigo. Vuestra valentía ante la vulnerabilidad ha sido sencillamente inspiradora. Habéis vivido los altibajos de la codependencia, y vuestras experiencias no sólo han enriquecido el contenido de este libro, sino que también han llegado a mi corazón de manera profunda.

A los incansables profesionales de la psicología y la terapia, vuestra dedicación a la comprensión y el tratamiento de la codependencia ha sentado las bases sobre las que he podido construir. Vuestra investigación, vuestras ideas y vuestro enfoque compasivo de la curación han sido fundamentales para ofrecer esperanza a muchos que luchan.

A mis colegas y compañeros, vuestra disposición a participar en debates desafiantes, a criticar con amabilidad y a compartir generosamente vuestra sabiduría ha agudizado mis pensamientos y ampliado mis perspectivas. Este libro es mejor por ello, y estoy agradecido por la comunidad que hemos formado en nuestro compromiso compartido de mejorar vidas.

A la red de amigos y familiares que me apoyaron a lo largo de este esfuerzo, su aliento fue mi puerto seguro en los momentos de duda. Creísteis en este proyecto, incluso cuando no era más que una idea incipiente, y por ello os estaré eternamente agradecido. Me recordáis que el apoyo no siempre requiere soluciones, sino a menudo simplemente un oído atento y una presencia firme.

También debo reconocer el papel de la tecnología y la comunicación moderna, que me proporcionaron acceso a una gran cantidad de información y recursos. Las plataformas y comunidades en línea fueron una fuente constante de información y me proporcionaron el pulso de los debates actuales en torno a la codependencia.

Para mi equipo editorial, su experiencia y esmerada atención al detalle no sólo han pulido las palabras de estas páginas, sino que también han garantizado que el mensaje transmitido sea claro, coherente y compasivo. Vuestras sugerencias y correcciones han sido inestimables, y estoy en deuda con vuestra artesanía literaria.

Los héroes anónimos del viaje de cualquier libro son los bibliotecarios y libreros que alimentan la cultura de la lectura y hacen que obras como ésta sean accesibles a todos. Para las personas y grupos dedicados a la recuperación de la codependencia, gracias por mostrarnos que el cambio, aunque desalentador, es totalmente posible. La humildad con la que abordáis vuestro continuo crecimiento es una lección para todos nosotros de perseverancia y autocompasión.

Un agradecimiento especial a los ilustradores y diseñadores que tomaron los conceptos abstractos de este libro y les dieron forma y color, haciéndolos resonar aún más poderosamente. Su arte da vida a las palabras y las hace bailar en los ojos de los lectores.

Gracias de todo corazón a mi agente y editor por arriesgarse con esta obra y por apoyar su misión desde el principio. Su entusiasmo y visión han impulsado este libro desde una mera propuesta hasta el producto acabado que existe hoy.

A aquellos que han participado conmigo en charlas, talleres y seminarios: sus comentarios y preguntas me han empujado continuamente a refinar mi comprensión y a abordar mi trabajo con el corazón de un aprendiz. Estoy agradecido por cada conversación que me ha desafiado a pensar más profunda y ampliamente.

A cada lector que ha cogido este libro con la esperanza de encontrar comprensión, claridad o consuelo—tú eres la razón por la que escribo. Vuestro viaje hacia la sanación es profundamente personal, pero al compartir este camino, estáis contribuyendo a un cambio colectivo hacia unas relaciones más sanas y una sociedad más compasiva.

En un mundo repleto de literatura de autoayuda e innumerables voces que hablan sobre el crecimiento personal, me siento honrado de que este libro haya encontrado un espacio entre vuestras elecciones. A todos los críticos que han reseñado este libro—sus reflexiones no las tomo como descalificaciones sino como un estímulo para seguir luchando por la excelencia.

Y, por último, quiero darte las gracias a ti, la musa tácita de la empatía y la esperanza que se asienta silenciosamente dentro de todos nosotros. Es esta fuente interior de luz la que nos guía en los momentos más oscuros. Que todos podamos aprovechar esa fuerza mientras continuamos nuestros caminos de evolución y curación.

Con el corazón lleno, cierro este reconocimiento con un profundo sentimiento de gratitud y un deseo de que todos emerjamos en un espacio de equilibrio empoderado y apoyo mutuo. Que podamos avanzar con gracia y con el conocimiento de que, al final, somos agentes de cambio para nosotros mismos y para los demás.

Acerca del autor

En el corazón de cada historia, más allá de las capas de teoría, estrategias y percepciones, se encuentra un individuo – un orquestador de palabras, pensamientos y emociones. El viaje hacia la comprensión de la codependencia, abordado en estos capítulos, es también un reflejo de mi peregrinaje personal y profesional a través del complejo laberinto de las conexiones humanas.

Como autora de este libro, he dedicado partes significativas de mi vida al estudio y la práctica de métodos terapéuticos, con el objetivo de ayudar a aquellos enredados en la red de los comportamientos codependientes. Mi trayectoria académica me ha llevado por los ámbitos de la psicología y el comportamiento humano, enriqueciéndome con las vidas y las historias de innumerables personas con las que he tenido el privilegio de encontrarme.

El tapiz de mi carrera también está tejido con hilos de experiencia personal. Examinando mi propio pasado, descubrí los patrones familiares de codependencia que acechaban en mi árbol genealógico: los actos aparentemente desinteresados que servían a necesidades más profundas de control, los sacrificios que hablaban más de autodescuido que de amor, los acuerdos silenciosos que ataban nuestra autonomía.

Estas percepciones no surgieron de la noche a la mañana. Fueron necesarios años de introspección, terapia y el tipo de conversaciones sinceras que te dejan en carne viva y, paradójicamente, más completo. Los conocimientos adquiridos ayudando profesionalmente a los demás me permitieron aplicar una mirada crítica a mis propias situaciones, aunque siempre consciente de que la silla del terapeuta no es una torre de marfil alejada de las realidades del mundo.

En la consulta, me he sentado con personas y familias que navegan por la tempestad de la adicción, la tranquila desesperación de los insatisfechos crónicos y las almas esperanzadas que luchan por unas relaciones más sanas. He visto de cerca el impacto de los comportamientos codependientes en las relaciones, las carreras y la autoimagen.

Mi trabajo está respaldado por una pasión por la formación continua, no sólo en el sentido teórico y clínico, sino también en las experiencias vividas que los libros y los seminarios sólo pueden tocar ligeramente.

Mi trabajo está respaldado por una pasión por la formación continua, no sólo en el sentido teórico y clínico, sino también en las experiencias vividas que los libros y los seminarios sólo pueden tocar ligeramente. Criado en una sociedad que a menudo nos condiciona a buscar la validación externa, he aprendido que las lecciones más fundamentales a menudo surgen lejos de las salas de eco de la academia.

Son esos momentos sin vigilancia – un gran avance en una sesión, una realización tranquila durante una meditación, o la calidez que se encuentra en un grupo de apoyo – los que más informan mi comprensión. Mi enfoque es un diálogo persistente tanto con lo empírico como con lo intangible, respetando la profunda sabiduría impresa en nuestras mentes y los caminos a menudo impredecibles del corazón.

Escribir este libro ha sido un acto de síntesis, un intento de entretejer los hilos de la práctica basada en la evidencia, la narrativa anecdótica y los hallazgos introspectivos en un tejido que sea a la vez duradero y flexible. Ha sido un reto de equilibrio, dejando espacio para el experto, el mentor y el guía que hay en mí, al tiempo que me aseguro de que el ser humano, el que ha capeado tormentas y se ha deleitado con los amaneceres, no se vea oscurecido por la jerga profesional o una postura académica.

Como defensora del aprendizaje permanente, participo regularmente en el desarrollo profesional, estudiante y profesora a partes iguales, absorbiendo los conocimientos en constante evolución sobre salud mental y compartiendo mis ideas a través de conferencias y talleres. Creo firmemente que ser un consejero y autor eficaz requiere la humildad de crecer y evolucionar continuamente en el propio arte.

Mi estilo terapéutico puede describirse mejor como integrador, a partir de diversas teorías y técnicas para adaptar las vías de recuperación que resuenan con los clientes' historias individuales. Ya sea empleando técnicas cognitivo-conductuales, terapia narrativa o artes expresivas, el objetivo es siempre el empoderamiento; ayudar a las personas a reescribir los guiones de sus vidas para que destaquen la fortaleza, la autonomía equilibrada y la verdadera conexión.

Lejos del escritorio y de la sala de asesoramiento, puede que me encuentres disfrutando de la sencillez de la naturaleza, absorbiendo las lecciones que sólo los árboles, las montañas o las olas del mar pueden enseñar. Para mí, estos momentos son enraizantes, un contrapunto necesario a la intensidad emocional y el rigor intelectual que exige mi trabajo.

Mi historia, entrelazada con las ideas contenidas en los capítulos anteriores, es a la vez un testimonio de la resistencia del espíritu humano y un reconocimiento de nuestra perpetua necesidad de conexión. Mi esperanza es que, al compartir este viaje, los lectores puedan ver fragmentos de sus propias experiencias reflejados en ellos, ofreciéndoles no sólo consuelo, sino una hoja de ruta para la transformación.

Salir de las sombras

Al encapsular mi viaje en estas páginas, no sólo extiendo el conocimiento, sino la mano de un compañero en este camino que recorremos juntos; a veces como líderes, a veces como seguidores, siempre como compañeros de viaje. El destino no es un lugar desprovisto de codependencia, sino un estado del ser en el que la entendemos, la gestionamos y vivimos vidas más ricas gracias a esa sabiduría.

Así que, con ese espíritu, gracias por comprometeros con este trabajo, por atreveros a ahondar en las profundidades y por llevar adelante no sólo una parte de esta narración, sino también la creencia perdurable de que el cambio es posible y está a vuestro alcance.

La codependencia no es sólo un estado del ser, sino un estado del ser en el que la entendemos, la gestionamos y vivimos vidas más ricas gracias a esa sabiduría.

www.ingramcontent.com/pod-product-compliance
Lightning Source LLC
Chambersburg PA
CBHW060612080526
44585CB00013B/793